PUBLISHER'S LETTER
다음 20년의 첫걸음을 여는 이야기

　　아름지기는 2001년 11월 16일, 소외되고 사라져가는 우리 문화유산을 두루 보살펴 내일로 이어가자는 취지로 설립된 비영리 민간 재단입니다. 아름지기의 시작을 함께 해주신 분들은 전후 '한강의 기적'이라 불리는 급속한 경제 성장의 과정에서 소외된 한국의 전통문화와 정신적 유산에 대한 안타까움에 공감하며, 우리 세대가 할 수 있는 일들을 이제라도 찾아나가기로 했습니다. 원대한 마스터플랜이나 전문적인 전략, 적극적인 홍보와는 아주 거리가 먼 소박한 결심과 기대가 아름지기의 시작입니다.
　　그도 그럴 것이 20여 년 전의 우리는 한옥, 한복, 한식의 인기나 K-컬처의 세계적인 유행을 상상할 수도 없었고 그저 하루하루 희미해지는 전통의 기억을 지켜내는 것조차 쉽지 않은 일이라 생각했습니다. 실제로 문화유산을 가꾸는 일을 하려 할 때마다 단순한 무관심을 넘어 왜 굳이 그런 일을 하는가, 그걸 왜 그렇게까지 해야 하는가 하는 핀잔을 듣기도 했습니다. 궁궐의 전각에 쌓인 먼지를 청소하는 일, 시골 마을의 오래된 정자나무 주변을 정비하는 일에서 시작한 아름지기 활동이 오늘에 이르게 된 것은 지치지 않고 초심을 잃지 않았기 때문인 것 같습니다. 조금 하다가 말겠지 하는 의심의 눈초리가 거둬지고, 시간을 두고 신뢰가 쌓여가면서 아름지기 활동은 점점 전문성이 높아졌습니다. 현재 아름지기는 국내외 수많은 전문가, 공공 및 민간 기관, 기업들과 협력해 다양한 분야에서 전통문화의 새로운 가능성을 모색하고 있습니다. 궁궐을 포함한 다양한 역사·문화·환경을 더욱 아름답게 가꾸는 건축 및 공공디자인 사업, 전통문화의 아름다움과 정신적 가치를 현재에 되살리기 위한 의식주 연구 및 전시, 그리고 한국 문화를 해외에 알리는 국제 교류 사업 등을 활발히 펼쳐나가고 있습니다. 특히 전문성을 갖춘 민간단체로서 민관 협력을 통해 전에 없던 새로운 프로젝트와 방법론을 개척해나가는 것, 그렇게 해서 바람직한 사례를 만들어나가는 것은 아름지기 활동의 중요한 의의가 되었습니다.

그 20년의 시간 동안 우리는 급격한 환경의 변화를 목격했습니다. 젊은이들이 한복을 입고 거리를 활보하고, 전 세계인이 한식을 사랑하고, 한옥으로 된 카페, 주민센터, 호텔까지, 어쩌면 20년 전 우리가 꿈꾸던 일들이 하나하나 실현되어갔습니다. 아름지기와 함께해주신 많은 분들 덕분에 그 변화의 과정에서 아름지기가 크고 작은 기여를 할 수 있었음에 감사드립니다. 이제 아름지기는 안으로는 우리의 전통이 현대의 일상과 더 자연스럽게 만날 수 있도록 하고, 밖으로는 한국 문화의 세계적인 가능성을 실험하는 새로운 사업들을 전개해나가고자 합니다.

비영리단체인 아름지기의 초심은 여전히 20년 전 궁궐의 먼지를 닦아내던 소박함입니다. 이 책은 아름지기의 지난 20년 여정에 관한 이야기이며, 동시에 다음 20년의 첫걸음을 여는 이야기입니다. 앞으로 아름지기가 만날 분들에게 이 책이 '아름지기'라는 활동에 대한 조금 더 친절한 안내서가 되기를 기대합니다.

아름지기 이사장
신연균

EXECUTIVE ADVISER'S LETTER
아름다운 것이 힘이니라

아름지기가 20주년을 맞았습니다. 축하의 말이 아니라 그동안의
노고에 대한 존경과 위로, 앞으로 더 많은 일을 할 수 있는 추임새로써
인사말을 전합니다. 저는 아름지기 이사장님과 여러 가지 프로젝트를
기획했습니다. 그중에서도 팔만대장경 레플리카를 만들어서 그 귀중한
것을 모든 사람이 보고 공유할 수 있도록 합심했던 기억이 있습니다.
이를 계기로 팔만대장경에 대한 기념회의 위원장을 맡기도 하고 그
이후에 아름지기의 여러 일에 대해 서로 도움을 주고받는 단계에
이르렀지요.
   아름지기 이사장님과 제가 어린아이처럼 꿈 같은 기획을
세운 것으로 참 많은 것이 있었습니다. 사실 제가 문화부장관을 할
때 가장 신경 썼던 것이 영어로 된 안내판이었습니다. 당시 문화재
안내판은 한국말로 되어 있더라도 그 내용이 충격적인 것이 많았습니다.
똑같은 말을 하더라도 '아' 다르고 '어' 다르다고 합니다. 문화재를
남에게 소개하는 일 역시 똑같습니다. 문화재를 말하더라도 문학을 하는
사람, 역사를 하는 사람의 이야기와 그저 문화재를 관리만 하는 사람의
이야기는 다를 수밖에 없습니다. 안내판 하나로 문화재가 더 빛날 수도
있고 빛을 잃을 수도 있다는 말이지요.

우리 사회에는 돈을 지키고 권세를 지키고 지식이나 지혜를 지키는 산업이 많습니다. 아름다운 것은 대다수 사람이 좋아하고 즐길 줄 알지만 이를 지키기 위해 땀 흘리려는 사람은 주변에서 찾아보기가 정말 힘듭니다. 제가 초기에 아름지기 고문 역할을 했기 때문이 아니라, 누구든 아름지기가 무엇을 하는 곳인지 알고 나면 전공과 관계없이 자문을 돕고 싶은 생각이 자연스럽게 우러날 것이라 생각합니다. 처음에 시작했던 그 뜻으로 강연도 하고 자문도 하고 아름지기와 함께 이야기하던 즐거운 기억, 20주년이 된 오늘 그때의 기억이 참으로 그립고 마음속에서 되살아납니다.

    우리 사회에서 아름지기는 참으로 필요한 존재이고 앞으로도 필요할, 우리에게 주는 큰 힘을 가진 곳입니다. 정조대왕의 말씀이 생각납니다. 화성을 정말 아름답게 만들기 위해서 고민하고 있던 정조대왕께 신하들이 말했습니다. "무릇 성이란 튼튼하기만 하면 되지 않습니까? 왜 자꾸 아름답게 만드시려고 고생을 하십니까?" 그때 정조대왕이 말씀하시길 "어리석은 자들아, 튼튼한 것이 힘이 아니라 아름다운 것이 힘이니라."

    아름지기도 우리에게 그러한 존재입니다. 폭격을 하고 싶어도 할 수 없고 침공을 하고 싶어도 할 수 없는, 아름다운 힘을 지키는 것이 바로 이름 그대로 아름지기의 일인 것이죠. 아름지기가 지금껏 해온 많은 일은 우리의 아름다움을 지켜온 힘이며, 앞으로 아름지기가 존재해야 할 이유입니다. 아름지기에 몸담고 있는 여러분, 본인의 땀이 아름다운 꽃의 향기가 되고 남에게 즐거움이 되는, 그러한 살신성인과 희생을 통해 이루어진 것을 사람들이 두루두루 기억할 것입니다. 아름다운 것이 힘입니다.

아름지기 고문
이어령

CONTENTS

PUBLISHER'S LETTER
다음 20년의 첫걸음을 여는 이야기

EXECUTIVE ADVISER'S LETTER
아름다운 것이 힘이니라

7
STORY OF ARUMJIGI
아름다움을 지키는 사람들

29
PASS THE MOP
드러내고 마련하다

77
PASS THE MAT
채우고 나누다

133
INTERVIEW
아름지기 이사장 인터뷰

141
PASS THE BATON
퍼지다

161
2001 — 2021
ARCHIVE OF ARUMJIGI

STORY OF ARUMJIGI

전국 방방곡곡을 발로 뛰며 아름다움을 지킬 수 있는 방법을 찾아 나섰다. 고상한 계획을 세우는 것보다
팔을 걷어붙여 두껍게 내려앉은 먼지를 털어내고 무성한 잡초를 뽑는 일이 먼저였다. 아름다움을 지키는 일은
그렇게 작고 간단한, 그러나 결코 쉽지 않은 일에서부터 시작된다.

아름다움을
지키는 사람들

STORY
OF
ARUMJIGI

아름다움을 지키는 사람들

우리 전통의 아름다움을 지키는 일에 대한 끝나지 않는 질문

아름다움을 지키는 일이란 무엇일까. 아름지기는 바로 이 질문에서 시작했다.
무엇보다 먼저 해야 할 일은 뜻을 함께할 사람들을 만나는 것이었다. 우리 문화계
각계각층의 자리에서 중요한 역할을 해주시던 분들이 흔쾌히 뜻을 모아주었다.
이미 우리 곁에 있는 문화유산을 지켜내는 일이 무언가를 새로 만들어내는 일보다
더 필요한 때가 왔다는 것을 많은 사람이 알고 있었다. 소설가 김주영 선생은
'아름답다'와 '두 팔로 한가득 끌어안은 모습'을 뜻하는 '아름'에 지키고 가꾸는
사람이라는 뜻의 '지기'를 붙여 선뜻 재단 이름을 제안해주었다.
  소중한 사람들이 모였지만 답이 바로 나오지는 않았다. 애초에 탁상공론으로
나올 결론이 아니었다. 전국 방방곡곡을 발로 뛰며 답을 찾아다녔다. 그렇게 다양한
문화유산을 답사하며 목격한 것은, 있는 그대로 아름다울 수 있는 우리 유산들이
방치되어 빛을 잃어가고 있다는 사실이었다. 그런 모습을 직접 보고 나니 일단 해야
할 일이 생각보다 명확해졌다. 고상한 계획을 세우는 것보다 우선 팔을 걷어붙여
두껍게 내려앉은 먼지를 털어내고 무성한 잡초를 뽑는 일이 무엇보다 시급했다.
지체할 것 없이 바로 빗자루와 호미를 들고 모여들었다. 아름다움을 지키는 일은
그렇게 작고 간단한, 그러나 결코 쉽지 않은 일에서부터 시작된다.
  그렇게 뜻을 함께한 사람들의 땀방울로, 파묻혀 있던 문화유산이 잠시 자태를
드러냈지만 그대로 두어서는 금세 다시 먼지가 쌓일 것이 분명했다. 아름지기가
전국의 문화유산을 매일같이 청소만 하고 다닐 수도 없었고, 단지 깨끗이 한다고
전통문화가 갑자기 되살아날 것도 아니었다. 소중한 우리의 아름다움이 스스로
다시 숨 쉴 수 있도록 살려내야 했다. 그렇게 또 다른 고민이 시작되었다.
아름지기는 이런 고민을 계속 확장해나가면서 몸을 움직이고, 깊게 연구하고,
또 수많은 사람을 만나며 그 답을 찾아왔다. 아직도 그 과정에 있지만, 가장 중요한
발견은 전통을 지금과 연결해야 한다는 것이었다. 전통을 신줏단지처럼 모시거나
안고 가야 할 짐으로 여기는 것이 아니라, 오늘날에도 유효한 것으로, 당장이라도
멋지게 입고, 맛있게 먹고, 또 편히 몸을 누일 수 있는 것으로, 언제나 곁에 두고 싶은
아름다움으로, 오늘과 연결해 맥을 뛰게 하는 일이 필요하다는 것을 알았다.

전통적 가치가 다시 깃들 터전 가꾸기

2001년 정식으로 재단을 설립한 아름지기가 가장 먼저 시작한 사업은 작은 마을의
오래된 정자나무를 가꾸는 일이었다. 수호신처럼 마을을 지켜온 정자나무는 자연적
가치뿐만 아니라, 마을 공동체 문화의 기반이 되는 공간으로 문화적 가치도 지닌
소중한 유산이다. 그러나 주변 환경이 낡아서, 나무를 제대로 관리하지 않아서,
혹은 마을 공동체 문화가 바뀌어서 등등 다양한 이유로 곳곳의 정자나무는 예전처럼
사람들이 모여드는 곳이 아니었다. 아름지기는 문화재나 물질적인 유산뿐만 아니라,
보이지 않는 가치에서도 아름다움을 다시 찾아내야 한다고 생각했다. 그렇기에
마을의 정자나무를 가꾸고 주변 환경을 정비하는 일은 단지 물질적 조건을 개선하는
일이 아니다. 그것은 전통이 깃들 터전을 만드는 일이다.
  그런 깊은 고민 끝에 경기도 평택 원정리에 있는 430년 넘은 느티나무 가꾸는
일을 시작한다. 사업에 착수하기 위해 마을 사람들을 처음 만났을 때는 의심을
받기도 했다. 이런 일을 선뜻 나서서 하는 사람이 아무도 없던 시절이었다. 무언가
경제적 이득을 취하려고 하거나 정치적 목적으로 일을 벌인다고 생각하는 사람이
많았다. 국회의원 출마를 준비하느냐는 질문까지 받을 정도였다.
당시에는 흔치 않은 일이었기에 당연히 그럴 수 있었다. 할 수 있는 일은 묵묵히
끝까지 정비를 마치는 것뿐이었다. 우여곡절 끝에 되살아난 작은 광장에는 사람들이
다시 모여들었다. 마을 사람들도 의심을 거두었고, 마을 잔치가 열렸다. 주민과
관공서 직원까지 모두 나와 축문을 읽고 마을에 남아 있던 갈등을 모두 정리하고
다시 화합하자는 이야기가 이어졌다.
  아름지기는 이렇게 전통의 가치를 복원하고 가꾸는 일을 어떻게 해나가야
하는지 몸소 경험을 통해 알아갔다. 우리가 가지고 있던 아름다움과 전통적 가치를
복원하는 일은 인위적이고 거추장스럽게 새로운 무언가를 만들어야 하는 일이
아니었다. 아름지기는 정자나무 주변 환경 가꾸기의 작은 성공을 기반으로 전통과
유산을 가꾸는 일이 지닌 가능성에 대한 확신이 생겼다. 그렇게 시작한 정자나무
주변 환경 가꾸기 사업은 2014년까지 11개 마을에서 진행했고, 이후 궁궐과 한옥 등
다양한 방식의 문화유산 환경개선 사업으로 확산되었다.

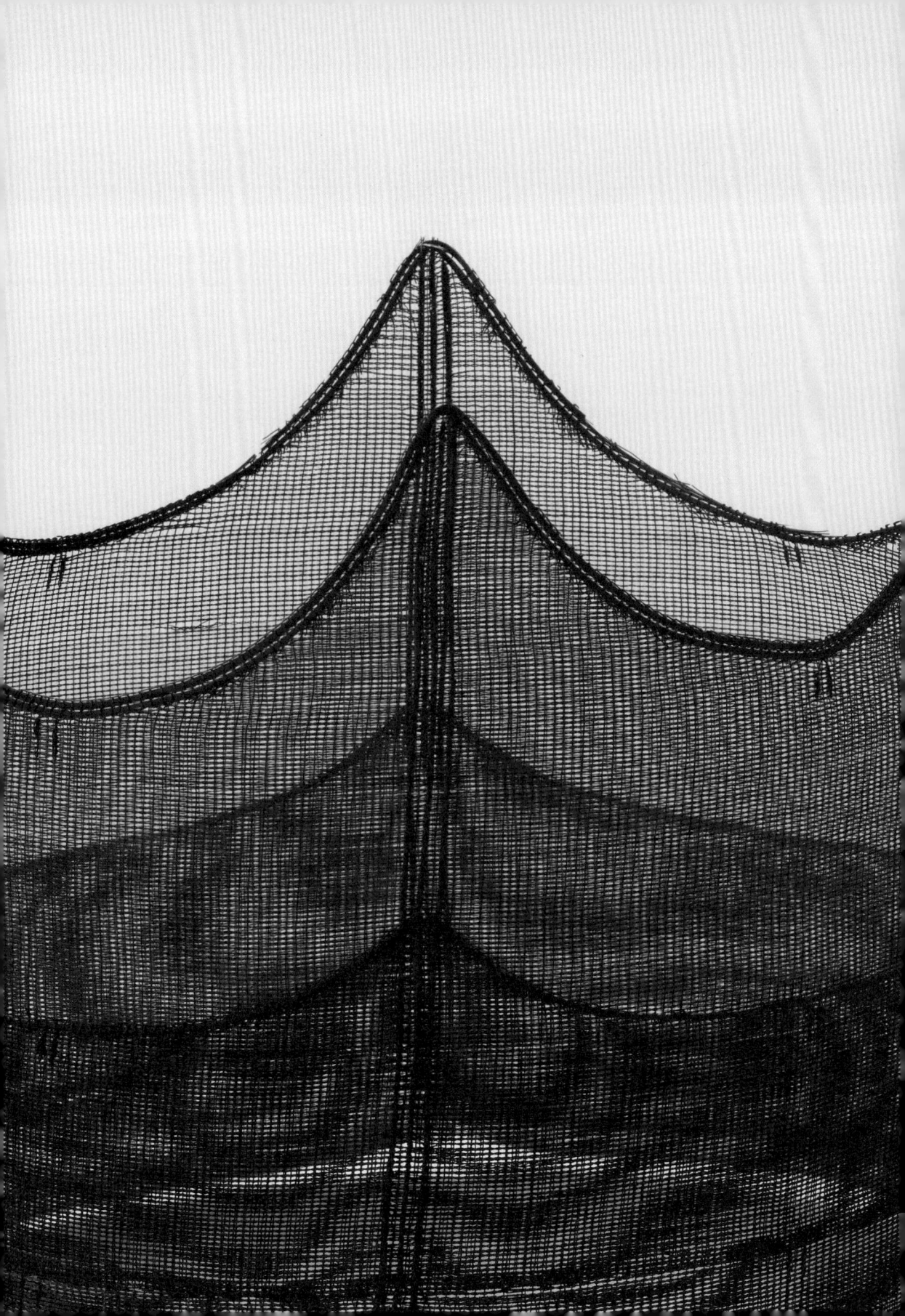

함께 갈 사람들을 위해 방향을 정하는 일

작은 마을에서 시작한 아름지기의 첫 번째 프로젝트는 전통적 가치를 통해 사람들을 연결하고, 나아가 공공에 기여하는 중요한 선례가 되었다. 이런 사업뿐만 아니라 아름지기가 하는 일은 대부분 흔히 볼 수 있는 것이 아니었다. 전통과 유산을 지켜야 한다는 것은 누구나 알고 있지만, 대부분 당장 눈에 보이는 것에만 신경을 썼기 때문이다. 아름지기가 하는 일은 처음인 것이 많았고, 그렇기에 한 걸음 한 걸음 신중하게 내디뎌야 했다. 아름지기가 하는 일이 전통 문화·예술을 지키고 가꾸는 일의 기준이 될지도 모르는 것이었다. 좋은 선례를 만드는 것이 무엇보다 중요했다. 아름지기 혼자만의 힘으로 모든 것을 해낼 수는 없기에 본보기가 될 수 있는 사례를 만들어 우리 문화의 가치를 지키는 일을 널리 확산시켜야 했기 때문이다.

건축적 기반이나 터전을 가꾸는 일을 통해 문화적 가치를 복원할 수 있다는 것을 터득한 이후, 아름지기의 사업은 공공디자인이라고 할 수 있는 영역 전반으로 뻗어나갔다. 2004년 종로구 간판 디자인 개선사업을 계기로 2006년에는 궁궐을 비롯한 문화재의 안내판 공공디자인 작업에 본격적으로 착수했다. 이런 프로젝트는 어찌 보면 작은 변화를 통해 우리가 문화유산을 대하는 태도 자체를 다시 생각하게 만든다. 아름지기가 하는 일의 또 하나의 중요한 태도가 여기서 포착된다. 화려하거나 눈에 띄지 않지만 견고한 토대를 만들어내는 뚝심. 가장 작은 부분에도 깃들어 있는 정신과 가치를 발견하는 섬세함. 누가 알아보든 말든 상관없이 금속 안내판의 가장 자연스러운 곡선을 찾기 위해 수없이 철판을 갈아내고, 설명문에 적합한 타이포그래피를 찾아 디자이너들과 지난한 토론을 거쳐 디자인 기준을 세웠다. 그렇게 만들어진 작은 변화는 지금도 전국 곳곳으로 퍼져 사람들이 문화유산을 더욱 가깝게 접할 수 있는 환경을 조성하고 있다.

아름지기는 어떤 사업이든 자신의 것만으로 두지 않는다. 아무리 힘들게 만든 것이라도 내 것으로 쥐고 있는 것이 아니라, 우리 문화유산을 위한 일이라면 흔쾌히 내준다. 아름다움을 지키는 일은 내 것을 주장하는 일이 아니라, 그렇게 만들어진 연결이 확산되면서 진정으로 가능해진다는 사실을 믿기 때문이다. 공공디자인 측면에서 보면 아름지기가 만든 선례를 기준으로 전국 곳곳의 문화재 안내판이 조금씩 개선되고 있다. 이런 식으로 문화재를 다 가려버릴 정도로 커다란 안내판이나 체계 없이 설치된 표지판들이 개선되어간다면 아름지기에게는 그 무엇보다 긍정적인 일이 된다. 잘 만든 선례를 자신의 것이라 고집하는 좁은 시야로는 진정한 변화를 이끌어내기 어렵다. 아름지기가 처음 펼쳤던 프로젝트를 다른 기관에서 시작한다면, 안도의 한숨을 쉬면서 다시 새로운 선례를 만들어가면 되는 일이다.

모여드는 사람들 속에서 만나는 전통과 오늘날

그 모든 일은 사람들이 모여야 가능하다. 각 분야 최고 권위자부터 따뜻한 마음으로 시간을 내어 빗자루를 손에 쥔 사람까지. 아름지기는 스스로 빛을 내는 것보다 품을 내주고 터전을 만들어 사람들을 모은다. 아름다움을 지키려는 사람들이 모여 앉는 것부터가 모든 일의 시작이고, 그 자체로 아름다운 가치가 되기도 한다.
아름지기가 처음 궁궐에 찾아가 청소를 한다고 했을 때, 궁궐 관리사무소에서는 일반인이 궁궐을 청소하는 것이 전례가 없는 일이라며 그렇게 할 수 없다고 했다. 매달 찾아가 진정성을 전달하면서 작은 일감이 주어졌고 그렇게 모여드는 사람들이 더 많아지면서 2003년에는 궁궐을 청소하는 봉사 활동을 본격적으로 시작할 수 있었다. 이후 아름지기와 함께 땀 흘린 사람들이 지금까지 수천 명이다. 그렇게 더 많은 사람들이 문화재 가꾸기라는 마음만으로 모일 수 있는 기반이 만들어졌고, 2009년에는 그간 쌓인 노하우를 체계화해 궁궐 환경 가꾸기 매뉴얼 북을 발간해 무료로 배포하면서 더 큰 확산이 가능해졌다.

   청소로 시작한 궁궐 환경 가꾸기는 창덕궁 연경당 내부 수리사업과 낙선재 조경 정비사업 등으로 이어졌다. 나아가 이런 실천을 시작으로 민간 기관이 문화재 보호에 기여하는 선례가 만들어져 지금은 문화재청이 직접 민간 기관이나 기업과 함께 문화유산을 지키는 사업을 주관하기에 이르렀다. 아름지기의 궁궐 환경 가꾸기는 여기서 멈추지 않는다. 우리의 아름다움을 지킨다는 것은 전통을 그대로 두는 것을 의미하지 않는다. 아름다움을 지키는 일은 그것을 살아 있는 것으로 보고, 발효하듯 계속해서 새로운 맛을 일깨우는 것과 같다. 원래 가진 것만을 고집하지 않고 다른 것을 받아들여 더욱 풍성하게 만드는 일이 문화에서는 핵심적인 요소다. 우리의 전통 자체가 새로운 것을 수없이 받아들였다는 사실도 돌아봐야 한다.

   아름지기는 궁궐 외관 가꾸는 일에서 나아가, 그 내부를 다시 채우는 일까지 펼쳐낸다. 전각 내부를 정비하고 살아 숨 쉬는 궁궐의 모습을 되살리는 것이다. 궁궐의 내부 집기를 재현하는 사업을 시작했고, 여러 분야의 장인, 전문가들이 함께 모였다. 궁궐의 집기를 재현하는 일에는 유물에 대한 수준 높은 연구의 병행이 꼭 필요했다. 장인들은 국립고궁박물관 등의 수장고에서 유물을 실견하고 만져보며 새로운 작업 방식을 연구했다. 서로 다른 시간이 한데 모여 전통은 새로운 가치를 입고 다시 태어난다. 여기에서 우리는 전통이 된 과거의 새로움에서 오늘날의 또 다른 새로움을 발견한다.

연결 속에서 뻗어나가는 가치

앞서 살펴보았듯이 사람 사이의, 나아가 공공 기관과 민간단체 사이의 연결까지, 아름지기의 활동 자체가 다양한 연결 그 자체다. 무엇보다 아름지기는 맥이 끊긴 전통을 오늘날과 다시 잇는다. 한옥에 대한 아름지기의 열정도 같은 방향이다. 아름지기는 한옥의 본래 형태를 그대로 지키는 것뿐만 아니라, 동시대에도 유효한 주거 형식으로의 한옥을 제안하기 위해 다방면에서 활동을 지속해왔다. 몇 군데 겨우 남아 있는 한옥 마을에 서서히 원주민들이 떠나고 관광객만 남아 있거나 개발이 추진되고 있던 2003년, 아름지기는 이러한 상황에서 안국동 3번지의 오래된 한옥을 리모델링해 산조 공연을 기획하고 전시를 진행하면서 한옥의 현대적 쓰임새를 고민하기 시작했다. 함양의 오래된 한옥을 새로 단장해 특색 있는 다이닝을 갖춘 숙박 시설로 운영하기도 했다. 한옥은 불편하고 사용하기 어렵다는 편견을 깨기 위한 실천이었다. 무엇보다 현재 아름지기의 보금자리인 통의동사옥은 콘크리트 건축물 안쪽에 한옥을 품어, 도심 한복판에서 실제로 사용되는 한옥의 사례를 몸소 보여주고 있다.

  2004년부터 매년 진행한 기획전시 또한 전통 공예품을 현대적 쓰임새에 맞게 활용하는 문제에 초점을 맞춘다. 입고 먹고 사는 일상적인 문제에서 전통의 유산을 어떻게 다시 이어나갈 수 있을지 진지하게 고민하는 것이다. 커피가 일상이 된 오늘날 한국 사회에서 전통적인 차 문화의 다채로움을 다시 돌아보거나, 조선 후기 한복에 편중되어 있는 전통 의상을 훨씬 오래전으로 거슬러 올라가 삼국 시대 의상까지 넓혀 살펴보면서 역사와 전통에서 동시대적 통찰을 발견한다. 그렇게 아름지기의 기획전시는 단지 전통을 탐구하는 것에서 나아가 오늘날의 예술가, 특히 외국 작가와 디자이너까지 함께 우리의 전통을 다양한 방식으로 계승해왔다. 아름지기가 생각하는 '우리'나 '전통'은 결코 과거에만 머물거나 그저 민족성을 북돋는 의미에서 쓰는 말이 아니다.

  아름지기가 만들어온 연결은 바다 건너 해외로까지 뻗어나간다. 피츠버그대학교 국가관의 한국실 건립을 위한 코디네이터로 참여하면서 우리의 멋을 드러내는 건축과 가구 디자인을 총괄했고, 런던·프랑크푸르트·파리·샌프란시스코 등 세계의 다양한 도시에서 우리 전통의 가치와 아름다움을 선보이는 전시를 기획하기도 했다. 국제적으로 한국 문화의 위상이 점점 높아지고 있는 오늘날, 한국의 대중문화에서 나아가 우리 문화의 뿌리를 알리는 일이 더욱더 중요해지고 있다. 한국의 전통적 가치가 문화적 장벽과 시대를 뛰어넘어 전 지구적 맥락과 어떻게 연결될 수 있을지를 탐구해나가는 일도 아름지기의 주요 사업이 되어갈 것이다.

함께 둘러앉아 서로 배우는 일

아름지기는 끊임없이 새로운 방식으로 전통과 우리의 아름다움을 지켜오고 있다. 기존 방식만을 고수하는 태도로는 가파르게 변화하는 시대 속 사람들의 공감을 얻기 힘들다. 아름지기는 지속적으로 새로운 지식을 받아들이고, 더 다양하고 젊은 사람들이 우리의 아름다움을 지키는 일에 함께할 수 있도록 자리를 마련해왔다. 사업 초기인 2002년부터 전통문화 강좌를 꾸준히 열었고, 2007년부터는 강좌 프로그램을 '아름지기 아카데미'라는 이름으로 개편해 본격적으로 운영했다. 아카데미는 매년 전통문화와 관련된 탐구 주제를 설정해 각 분야 전문가를 초청했고, 아름지기 회원은 물론 일반인도 함께 고민을 나눌 수 있는 자리를 마련하였다.

함께 아름다움을 지켜나가는 사람들의 견문을 넓히는 일도 아름지기의 중요한 사업 중 하나다. 2004년부터 국내 건축물 답사와 해외 세계문화유산 답사를 지속해왔고, 그런 활동이 쌓여 아름지기의 안목과 감각을 만들어왔다. 그뿐만 아니라 전국의 사찰을 돌며 사찰 음식 답사를 진행하는 등 전통문화를 창조적으로 계승하기 위한 큰 뜻에서 전통적인 의식주를 연구하는 사업을 여러 방면에서 진행해왔다. 이런 과정을 통해 얻은 지식과 지혜는 아름지기가 기획하는 모든 콘텐츠에 은은히 배어든다.

함께 배워나가는 과정의 중요성을 깨달은 아름지기는 젊은 건축가들을 대상으로 '헤리티지 투모로우 프로젝트'라는 이름으로 공모전을 열었다. 그것은 단순한 아이디어 공모전이 아니라, 참여한 젊은 건축가들과 함께 강의와 토론, 세미나를 진행하는 연구 프로젝트이자 교육 프로그램에 가까웠다. 그렇게 치열한 과정을 거친 건축가들에게는 실질적인 프로젝트 기회가 주어지기도 했다. 헤리티지 투모로우 프로젝트는 다양한 건축적 방법론을 함께 모색해나가며 6회까지 이어졌다. 젊은 건축가들에게 교류와 교육의 기회, 그리고 경험을 쌓을 기회가 주어지고, 나아가 과거와 오늘 사이에서 건축에 대한 진지한 고민을 할 수 있는 장이 만들어졌다. 이렇게 함께 배울 수 있는 장을 계속 마련해오면서 아름지기는 다양한 사람들이 둘러 앉아 고민을 나눌 수 있는 터전이 되었다.

모든 것은 나눔을 통해서 가능해진다

그렇게 끊임없이 크고 작은 연결을 만들어온 아름지기에는 수많은 사람이 모여들었다. 벌써 20년. 아직도 함께 청소하고 풀 뽑는 일부터 시작한다. 그 작은 움직임이 조금씩 번져나가 이제는 끝을 알 수 없을 만큼 확장되고 있다. 이미 우리 문화 곳곳에서 아름지기의 흔적을 찾아볼 수 있게 되었다. 아름지기가 20년이라는 길다면 길고 짧다면 짧은 시간 동안 이런 확장을 이룰 수 있었던 가장 큰 이유는 무엇보다 전통의 가치와 아름다움을 지키는 일이라면 무엇이든 다 나누어왔기 때문이다. 자신의 이름을 걸고 하는 일도 좋지만, 더 많은 사람과 함께 해나간다면 더욱더 큰 변화가 이루어진다. 그것이 아름지기가 우리 문화와 전통을 지키는 방법이다. 중요한 것은 아름지기라는 이름을 남기는 것이 아니라, 우리 문화 생태계에 긍정적 영향력이 확산되도록 하는 것이다.

　　아름지기의 나눔은 안팎을 가르지 않는다. 외적으로는 무엇보다 문화재를 주관하는 각종 지방자치단체나 관공서와 민간단체로서는 유례없는 협력을 지속하고 있다. 다른 미술관이나 기업과도 협업 프로젝트를 진행하며 아름지기의 지혜를 아낌없이 나눈다. 또 내적으로는 수많은 회원과 함께한다. 그들의 나눔으로 아름지기가 움직일 수 있다. 아름지기를 지탱하는 힘은 그 무엇보다 아름지기와 함께 해온 사람들에게서 나온다. 활동 초기부터 회원들에게 아름지기가 하는 일을 알리는 소식지 제작을 무엇보다 중요하게 여겼다. 믿음을 바탕으로 한 회원들과의 관계가 그 모든 나눔의 근본이 되기 때문이다.

　　아름지기 직원, 문화·예술계에서 왕성하게 활동하는 운영진과 자문위원, 그리고 회원들과 후원 기업들까지, 그렇게 둘러앉은 사람들은 서로 연결되어 아름지기가 더 큰 연결을 만들어나갈 자양분을 제공한다. 그 힘으로 아름지기는 국내외 다양한 협업자, 자원봉사자, 다른 기관, 예술가와 손을 맞잡는다. 아름지기는 계속해서 더 촘촘한 연결을 고민한다. 아름지기가 지키는 아름다움은 그런 나눔과 연결을 통해서만 가능하기 때문이다. 경복궁 건너편, 간판도 잘 보이지 않는 콘크리트 건물. 입구를 찾으면 너무도 소박한 간판이 눈에 들어온다. '아름지기'라는 글씨가 적힌 손바닥만 한 빛바랜 나무판자는 소박함이라는 가치가 지닌 힘을 일깨운다. 연결하는 사람은 결코 스스로를 드러내지 않는다. 그러나 연결하는 자가 없다면 세상에는 아무런 일도 일어나지 않을 것이다.

원정리 느티나무

원정리 느티나무

원정리 느티나

PASS THE MOP

아름지기는 아름다운 우리 것을 지키고 가꾸는 사람들을 뜻한다. 두 팔 벌려 아름드리나무를 껴안듯이
소소한 아름다움까지 그러모아 지키겠다는 소박한 각오를 품고 우리 전통문화의 아름다움과 가치를 드러내고
현시대의 생활 문화에 올바르게 적용하고 세계에 알릴 수 있는 자리를 마련했다.

드러내고 마련하다

PASS
THE MOP

잡초 뽑고 거미줄 걷어내고

도배와 콩댐으로 윤내다

1년간 한 달에 한 번씩 창덕궁을 찾아가 설득한 끝에 2003년 8월 마침내 돈화문 앞으로 오라는 연락을 받았다. 드넓은 궁궐에서 발길이 가장 먼저 멈춰 선 곳은 어느 전각이 아닌, 마당 한구석에 난 잡초 앞이었다. 그렇게 궁궐 구석구석을 돌아다니며 잡초를 뽑고 거미줄을 걷어내는 일을 시작했다. 알 수 없는 어느 시점에 멈춰 선 궁궐의 시계를 다시 오늘로 맞추는 작업이었다.

    창덕궁을 오가는 횟수가 점차 늘어가던 중 묵은 먼지와 곰팡이로 벽지가 얼룩지고 목재 문틀은 뒤틀려 있는 연경당의 모습을 보았다. 궁궐을 본래의 모습으로 회복시키는 데에는 우선 순위가 존재하기에 궁관리소 역시 청소나 도배, 장판 교체와 같은 일상적인 관리의 중요성을 알고 있지만 예산과 인력의 한계로 어려움을 겪고 있었다. 그러므로 보다 실천적인 보존과 슬기로운 활용을 위한 손길이 필요했다.

    아름지기는 이러한 상태에 놓인 연경당을 개선하는 일에 힘을 보태고 싶었다. 다시 1년간 문화재청 관계자를 찾아가 설명하고 설득한 끝에 2004년 3월 창덕궁 연경당 내부 수리사업을 성사시켰다. 그동안 꾸준히 자원봉사 활동을 해온 시간이 신뢰의 양분이 되었다. 창덕궁에 청소하러 가던 첫날, 엷은 황갈색 앞치마와 머릿수건을 둘러매고 마음을 다잡았던 것처럼 연경당 내부 수리사업 때는 관련 문헌을 확인하고 기관

Project   1. 창덕궁 연경당 내부 수리사업
              2. 창덕궁 낙선재 조경 정비사업
Period   2004 Project 1
            2006 — 2007 Project 2

관계자와 거듭 협의하며 엄중한 책임 의식을 마음에 새겼다.

사업 범위는 연경당 전체에 켜켜이 묵은 먼지를 털어내는 것은 물론, 전문가의 진두지휘 아래 사랑채와 안채를 새로 도배하는 것으로 정해졌다. 이에 따라 훼손된 벽지를 말끔히 제거하고 적합한 초배지와 벽지의 종류와 크기를 골라 시공했다. 이와 함께 한지 장판을 콩댐해 윤도 냈다. 한편 문화재청과 창덕궁관리소의 협조로 문살, 울거미를 보수하는 작업까지 병행했다. 방이 환하게 밝아졌고 모서리는 반듯한 선을 되찾았으며 방바닥 또한 반들반들해져 연경당의 기품이 다시 드러났다. 마지막으로 이번 일에 대한 목재 안내판을 설치하며 작업을 마무리했다.

궁궐의 정원을 가꾸다

창덕궁 연경당 내부 수리사업이 성공적으로 마무리된 덕분에 적재적소에 관리의 손길이 필요하다는 공감대가 형성되었고, 이는 창덕궁 낙선재 조경 정비사업으로 이어졌다. 창덕궁관리소는 낙선재 일원의 소나무 전지 및 화계 정비를 맡아달라고 요청해왔다. 요지는 소나무가 크게 성장한 탓에 뿌리가 담긴 돌 기단이 터지고 아래로 뻗은 가지가 화계의 구조체를 가려 큰 문제라는 것이었다. 궁궐 야외 공간의 원형에 대한 기록이 부족해 관리인들 또한 난처해하는 상황이었다. 화계라는 물리적 공간 범위와 조경이라는 문화유산 사이에서 보존과 전승을 어떻게 이어가야 할지에 대한 고민도 필요했다. 당시 화계에는 외래 식물종도 있고 심지어 일본식 정원이 연상되는 것도 있었으므로 궁궐의 위상에 걸맞은 모습을 되찾는 것이 중요했다. 그러니 이번 사업은 역사 기록에 입각해 화계를 복원하는 일일 뿐만 아니라 빈약한 왕실 조경 자료의 현황을 파악하고 앞으로의 토대를 갖추는 일이어야 했다. 정영선 조경설계 서안 대표가 진두지휘해 〈동궐도〉와 〈동궐도형〉, 그리고 건축 문헌에서 찾아낸 조경 관련 기록을 토대로 원형 구조체와 식재에 관한 밑그림을 그렸다. 또 기존 자료로 확인하기 어려운 세부 정보는 해외 궁궐, 정원 등의 보존·관리 사례를 통해 추정에 의한 재현을 시행했다. 낙선재 화계는 다양한 형태의 구조가 섞여 있어 다른 화계 관리에도 본보기가 될 수 있기에 관련 현황과 분석한 정보를 빠짐없이 기록했다. 사후 관리를 위한 궁궐 조경 유지·관리 매뉴얼도 개발해 창덕궁관리소에 함께 전달했다.

PASS THE MOP 드러내고 마련하다

창덕궁 연경당 내부 수리사업의 도배 작업에서, 켜켜이 쌓인 벽지를 말끔하게 뜯어낸 뒤 전통 한지를 다시 각을 맞춰 붙이는 과정이 중요했다. 기초부터 제대로 작업해 벽과 벽이 만나는 선을 반듯하게 되살려놓으니 멀리서 보기에도 한결 훤칠해졌다.

"아름지기는 전통 속의 현대를, 현대 속의 전통을 느끼게 해주는
큰 배움터라고 생각합니다. 진심을 다하고 깊이 있는 탐구를 통해 문화를 지켜나가는
단체의 회원이라는 것이 자랑스럽습니다. 한국의 전통문화를 세계에
널리 알리는 앞으로의 아름지기를 그리며, 다음 20년의 활동에는 더 많은 분들이
함께하기를 바랍니다. 관심과 사랑이 아름지기의 큰 원동력입니다."

아름지기 운영위원 이운경

PASS THE MOP 드러내고 마련하다

질문을 통해 만든 기준

'문화유산 주변 정비'라는 목표에 비하면 청소, 도배, 조경 관리 같은 두 사업의 결과물은 소소하기 이를 데 없다. 하지만 "세상의 큰일은 반드시 작은 것에서 만들어진다"는 노자의 말처럼 소소한 일들이 다음 일을 일으키는 양분이 되었다. 창덕궁 연경당 내부 수리사업 이후로 현재 정기적으로 전각의 도배 관리가 이뤄지고 있으며 나아가 전각 내 생활상을 재현하는 사업으로 이어졌다. 창덕궁 낙선재 조경 정비사업은 궁궐 야외 환경에 대한 관리 매뉴얼의 초석을 마련한 중요한 기점이 되었다. 아름지기에게는 2006년 문화재청의 서울 5대 궁궐 안내 시스템 개발 및 안내판 디자인 개선사업으로 연결된 계기가 되었다. 이전까지 보이지 않았지만 매일 낡아가는 궁궐의 면면을 드러내 관계자에게 보여주고 다른 접근의 필요성을 설득하는 한편 복원과 보존에 대한 우리만의 기준점을 마련한 결과였다. 문화유산 보존에 관한 이론과 방법론이 하나로 정립되어 있지 않기에 하나의 정답을 찾으려 하기보다는 하나의 좋은 선례가 되기를 바라는 마음으로 학계와 현장 전문가들을 초대해 함께 문답을 나누며 이룬 성과다.

"어떻게 가만히만 있나요. 저희 직원들도 했습니다." 연경당 내부 수리가 끝날 무렵 창덕궁관리소 직원이 도배와 바닥 콩댐까지 갓 끝내서 멀끔해진 한 전각을 우리에게 보여주며 한 말이다. 이러한 생각이 더 번지고, 작지만 분명한 실천을 행하는 사람이 더 많아지길 바란다.

창덕궁 낙선재 조경 정비사업은 궁궐 조경에 관한

문헌을 토대로 자연과 건축물이 조화를 이루는 궁궐의 모습을 되찾는 일이었다.

PASS THE MOP 드러내고 마련하다

현대 살림살이 보듬은
한옥 사례를

현대를 품은 한옥

2000년 초 북촌 곳곳이 공사판이었다. 한옥 밀집 지역을
보존하겠노라고 2000년부터 서울시가 북촌 가꾸기 사업이라는
이름하에 낡은 한옥의 개보수 보조금을 지원했기에 생겨난 풍경이었다.
그러나 보수를 마친 한옥의 면면을 보면 의문이 들었다. 한옥은
비례미가 중요하기 때문에 그 규모에 따라, 구조에 따라 부자재
크기부터 문틀, 창틀 크기까지 모두 달라야 하는데 궁에서나 쓸 법한
커다란 사고석으로 쌓은 담이 아랫집 20평(약 66㎡) 한옥에도, 윗집
40평 한옥에도 똑같았기 때문이다.

    왜 이런 일이 이어질까. 아마도 주변에서 좋은 사례를 쉽게 찾아볼
수 없었기 때문일 수 있다. 북촌에 한옥이 숱하게 있어도 구석구석
살펴볼 기회가 흔치 않거니와 한옥에서의 현대 생활을 확인할 창구도
없으니 한옥을 개보수하려는 이들의 상상력이 자라기 어려웠을 것이다.
그런 연유로 전통의 향취를 품고 있으면서도 현대의 살림살이를
편안하게 보듬은 한옥 사례가 하나쯤 있으면 좋겠다는 생각에 이르렀다.
이것이 아름지기의 사무실이자 오픈하우스인 안국동한옥 사업을
시작한 계기다. '이런 집에서 한 번쯤 살아보고 싶다'는 소망이 '이런
집을 어떻게 만들까'라는 질문으로 옮겨갈 수 있도록, 전통문화라는
것이 무엇인지를 대청에 앉아, 방 안의 쪽빛 방석에 앉아 직접 느끼도록
계기를 만들어주는 기회라고 생각했다. 1년간 발품을 팔아 인쇄소로
쓰고 있던 한옥을 매입하면서 사업이 본격적으로 궤도에 올랐다.

Project   1. 안국동한옥
              2. 함양한옥
Period   2001 — 현재 Project 1
             2003 — 2017 Project 2

고루하지 않고 세련된 멋

이 시대에 참고할 만한 한옥 모델이 되려면 전통이라는 원론에 과도하게 집착하지 않는 태도가 바탕이 되어야 했다. 예컨대 목재를 치목할 때 전기톱이나 대패 등 최신 기계를 사용하는 것을 보여주고 안방 천장 면을 만들 때 단열재와 석고보드를 사용한다고 알려주는 것이다. 목재 빛깔을 내기 위한 기름으로는 을지로 칠 가게에서 쉽게 구할 수 있는 본덱스 린시드 오일을 추천하고, 바닥 콩댐도 날콩 자루로 문지르는 게 아니라 콩물에 들기름을 섞어 칠하는 요령을 공유한다. 한옥과 사이좋게 지낼 수 있는 방법을 알려주는 일이야말로 한옥살이를 격려하고 전통의 멋을 알리는 길이다. 이와 동시에 현대에 통용되는 유사 전통을 짚어내는 예리함을 갖추는 것 또한 하나의 임무라고 여겼다.

가령 요즘 성행하는 대들보나 기둥을 드러내는 도배 방식은 전통 방식이 아니다. 본디 서울을 중심으로 한 중부 지방의 민가 한옥에서는 온돌방을 도배할 때 전체를 벽지로 발랐는데 그런 방식이 온데간데없이 사라진 것이다. 이에 올바른 도배 방식의 예로, 안국동한옥은 방 2개 모두 벽과 천장을 벽지로 감싸 마무리했다. 특히 사랑채에는 '청운의 뜻을 품으라'는 의미로 천장 면을 엷은 옥색 한지로 마감했다. 벽 노릇을 하는 문도 중요해 소목이 제대로 문짝을 짤 수 있도록 하나하나 그림을 그려 팩스로 보내는 정성을 들였다. 물론 대다수는 그 차이를 모르고 지나칠 것이다. 하지만 언젠가 누군가가 안방에 들어서서 "이 집은 제대로 했네"라고 칭찬한 날도 있었으니 안국동한옥이 전통과 손잡고 현대로 나서는 길목에서 나름의 역할을 하고 있는 것이다. 또 쓸모 있는 한옥 공사 지침서를 남기기 위해 정민자 아름지기 고문이자 前 서울특별시 한옥자문위원회 위원이 터를 물색하던 날부터 준공 후 방에 어울리는 그림을 고르던 날까지 매 순간을 글로 남겨 《아름지기의 한옥 짓는 이야기》2003라는 책을 출간하기도 했다. 그리고 그 저력이 통했기에 함양한옥 사업이 탄생할 수 있었다.

PASS THE MOP 드러내고 마련하다

"방문객이 안국동한옥을 찬찬히 둘러보고는 '시골에 조그만 집이 한 채 있는데 그 집을 이렇게 보수할 수 있을까요?' 하고 물을 때, 우리는 벌써 이 땅 어딘가에 한옥 한 채가 새로 모습을 드러내기라도 한 양 반가워집니다."

아름지기 고문 정민자 (《아름지기의 한옥 짓는 이야기》 中)

PASS THE MOP 드러내고 마련하다

정민자 아름지기 고문이 쓴 책《아름지기의 한옥 짓는 이야기》는 '우리 시대 한옥 짓기의 뛰어난 실전 안내서'라고 불릴 만큼 설계 개념과 재료 선택, 건축 기법, 나아가 지혜까지도 풍부하면서 충실하게 담고 있다.

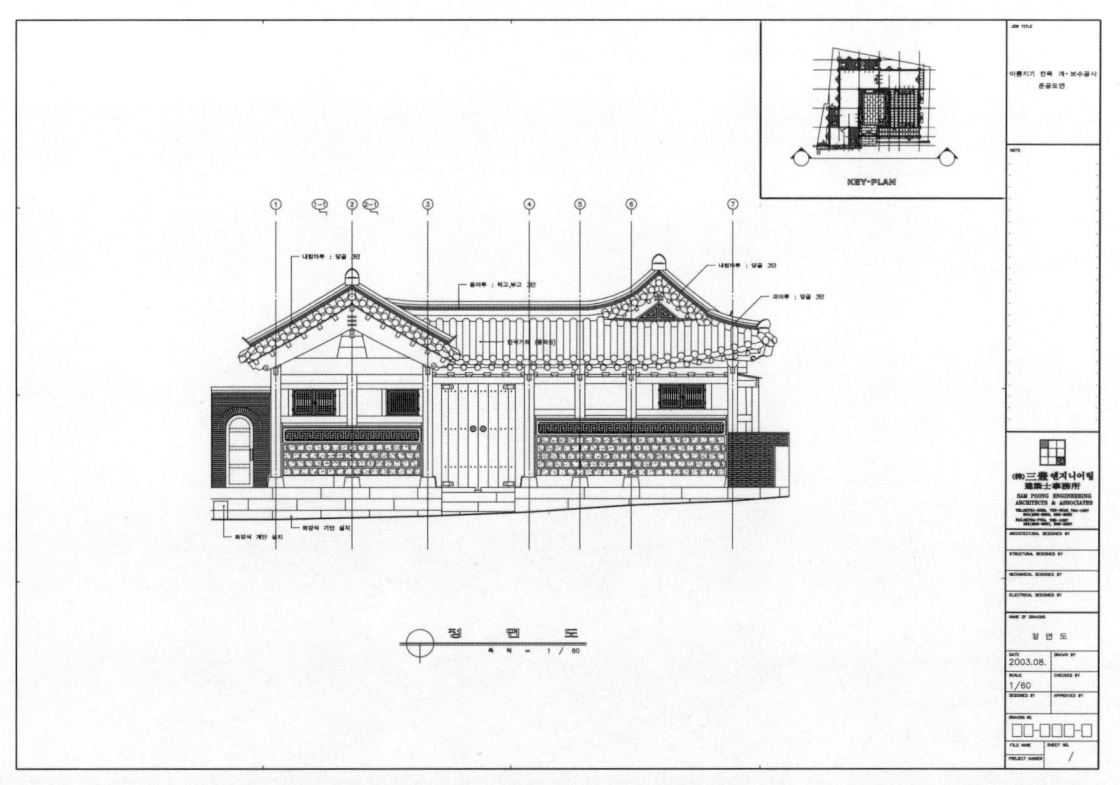

PASS THE MOP 드러내고 마련하다

PASS THE MOP 드러내고 마련하다

1세대 한옥 스테이, 함양한옥

안국동한옥이 도시형 한옥의 모델이라면 함양한옥은 한옥 문화 체험관이라는 개념에 새로운 지평을 연 지방 고택의 모델이었다. 잘 가꿔진 전통 한옥에서 수준 높은 현대식 서비스를 경험할 수 있는 숙박 시설로 조성한 것이다. 사실 함양한옥과 인연을 맺은 건 안국동한옥을 보고 감동을 받은 前 중앙일보 편집국장 전육 선생이 가문의 150여 년 된 종택을 기증할 테니 안국동한옥처럼 잘 고쳐 써달라고 한 데에서 출발했다. 그동안 전국을 돌아다니며 전통 그대로의 시설과 종부들의 고된 일상이 중첩된 고택의 현실을 보아왔고, 가까운 일본에서는 비싼 금액을 기꺼이 지불하고 료칸에 묵는 것을 선호하면서 우리나라의 전통 한옥은 저렴한 민박집으로 인식하는 데 대한 안타까움이 있었다. 선례가 필요하다고 생각했던 터라 고민 없이 뛰어들 수 있었다.

    개보수를 하면서 가장 신경 쓴 점은 한옥의 전통적 아름다움을 구현하면서도 현대인의 생활에 맞게 편의를 확보하는 것이었다. 그렇기에 공간 구성과 골조는 그대로 살려 보수하되 화장실과 샤워실, 식당 등은 현대식으로 새로 갖추었다. 여행객을 환대하는 방식에도 세심한 배려가 담겨 있다. 집의 내력을 설명한 뒤 웰컴 티를 내주는 것을 시작으로 여행객이 짐을 풀고 저녁 식사를 즐기는 동안 욕조에 따뜻한 물을 받아둔다. 목욕을 마치고 방에 들어섰을 때 바로 쉴 수 있도록 이부자리도 살며시 깔아놓는다. 여행객은 빳빳하게 풀 먹인 이불을 덮고 마치 그 옛날 선비가 지낸 밤처럼 뒤편 대숲의 바람 소리를 들으며 잠을 청할 것이다. 이 외에도 잠깐 일대를 구경하러 나설 때 간식을 싸 갈 수 있는 용기 세트까지 구비해놓을 정도로 함양한옥에서 지내는 매 순간을 세심하게 배려했다. 이러한 경험이 한옥에서도 편리하면서 우아한 생활과 충만한 휴식이 가능하다는 믿음이 되기를 바랐다.

PASS THE MOP 드러내고 마련하다

PASS THE MOP 드러내고 마련하다

함양한옥은 150여 년 된 전형적인 향촌 양반 가옥이었는데 이를 현대의 생활상에 맞게 개보수하고 우아한 휴식을 경험하는 장소로 기획했다.

자신을 존중하는 경험

안국동한옥과 함양한옥이 전하는 메시지는 하나다. 전통 한옥에서의 삶이 자신을 존중하는 방법이 될 수 있다는 것. 한옥을 관리하는 일이 눈살을 찌푸리고 손을 내저을 정도로 고된 일이 아니라 삶을 가꾸는 태도가 될 수 있다는 것이다. 한옥에 관심을 갖는 이가 늘어날수록 더 우수한 한옥이 전국 곳곳에 생겨날 것이라는 믿음으로 아름지기는 안국동한옥과 함양한옥에 찾아오는 이들을 환대했다.

　기존과 다른 쓰임새를 보여준 것도 중요한 역할이었다. 한옥을 사무실로도 사용할 수 있음을, 한옥에서도 현대식 서비스를 구현할 수 있음을 넌지시 알렸다. 함양한옥에서는 음악회와 전시회도 열렸다. 함양한옥이 자리한 마을, 인근 유적지, 그리고 함양한옥의 풍광 등을 사진으로 기록한 배병우 사진작가의 〈배병우 함양한옥 사진〉, 이화여자대학교 색채디자인연구소의 〈공간 속의 민화〉의 무대가 되기도 했다.

　　어느덧 한옥은 취향의 선택지로 자리매김했다. 삼천리 방방곡곡에 한옥 호텔과 한옥 게스트하우스가 생겨나면서 한옥 체험도 유난스러운 것이 아닌 충분히 시도해볼 만한 여행 방식 중 하나가 되었고, 더욱이 우아하고 고급스러운 문화라는 이미지도 생겼다. 안국동한옥과 함양한옥은 그 흐름의 선봉장에서 새로운 길을 낸 장소들이다. 시멘트 몰타르와 페인트로 칠해진 채 삭아가고 있는 서울의 한옥과 돌보는 손길 하나 없어 툭 치면 쓰러질 듯한 지방의 한옥을 어떻게 잘 손보고 활용할지를 생각해보게 하는 단서가 되었다.

쓰임새 따라 공간을 구분하는

궁궐 권역 개념의 탄생

2004년 종로구 간판 디자인 개선사업을 발판으로 시작한 서울 5대 궁궐 안내 시스템 개발 및 안내판 디자인 개선사업은 안내판을 그저 아름다운 디자인으로 교체하는 작업이 아니었다. 문화유산의 안내 시스템을 재정립하는 일이자 관람객이 필요로 하는 정보를 효과적으로 전달하는 방식을 디자인하는 일이었다. 2005년 문화재청과 맺은 '1문화재 1지킴이' 협약으로 사업이 출발한 가운데 1차 사업 대상지로 창덕궁과 경복궁을 선정했다.

    실컷 구경하고도 궁을 나설 때면 제대로 본 게 맞는지 고개를 갸웃거리는 관람객의 모습, 이것이 문제였다. 관리인 시선에는 전각 하나하나가 너무도 중요한 나머지 개별적으로 상세히 설명하는데 관람객에게는 정작 기억에 남는 정보가 없는 것이다. 이유는 전체를 이해할 수 있는 맥락에 관한 설명이 빠졌다는 데 있었다. 궁궐에는 수백여 채의 건축물이 각각의 쓰임새에 따라 배치되어 있는데, 그에 관한 아무런 정보도 주지 않고 전각의 외형만 설명하는 것은, 김봉렬 前 한국예술종합학교 총장의 말대로 '사람의 모습을 설명하면서 귀나 코의 생김새만 이야기'하는 격이다.

Project 서울 5대 궁궐 안내 시스템 개발 및 안내판 디자인 개선사업
Period 2006 — 2008

이 어긋난 주파수를 맞출 방법으로 아름지기가 도입한 것은 '권역' 개념이다. 조선 시대의 궁궐은 왕이 정치를 펼치는 정무의 공간인 외전, 왕실의 생활공간인 내전으로 나뉘고, 주요 전각을 중심으로 권역을 형성하는데 이 개념을 안내판에 적용해 그곳에서의 생활을 상상하게끔 하는 단서가 되고 나아가 그 시대의 문화를 짐작할 수 있게 했다. 소실된 부분을 설명하기에도 효과적이었다. 조선 시대의 궁궐들은 일제강점기를 거치면서 축소되고 훼손되었는데 권역 개념이라면 소실된 흔적도 '궁궐이라는 큰 그림' 속에서 설명할 수 있다. 또한 안내판 수를 획기적으로 줄일 수 있었다. 사업 전에는 경복궁 동궁 구역에만 전각 소개, 실내 안내, 건물터 소개 등 내용도 재료도 크기도 색깔도 다른 안내판이 11개나 있었는데 사업 후에는 권역 안내판 1개, 길 찾기 안내판 1개로 말끔히 정리되었다. 다만 '권역'은 다소 전문적인 건축용어여서 일반 관람객이 쉽게 이해할 수 있도록 안내판에는 '일원'이란 단어를 사용했다.

헬기를 띄워 다시 만든 궁궐 지도

사업 진행 과정에서 가장 큰 걸림돌이라면 다름 아닌 지도 그리기였다. 이 난관은 궁궐을 실측해 작성한 캐드 도면이 전부 있는 게 아니라는 데에서 비롯되었다. 이는 곧 안내판에 쓸 만한 수준의 도면 데이터가 없다는 현실과 안내판에 지도를 넣으려면 전부 새로 그려야 한다는 것을 의미했다. 궁궐 지도의 표준을 만든다는 생각으로 정확하고 정밀하게 지도를 그리는 일뿐 아니라 정보 전달력과 가독성을 고려한 표현 방식을 최대 과제로 삼았다. 위에서 수직으로 아래를 내려다본 모습인 평면도는 전공자가 아닌 일반인이 이해하기에는 어렵다. 이에 입체적으로 표현하는 라인 드로잉의 조감도 형식을 따르되 야트막한 언덕 높이에서 내려다보는 수준으로 표현하기로 했다. 지도의 밑그림을 그릴 때 참고할 수 있는 사진 자료를 모으기 위해 헬기를 띄웠다. 항공 촬영을 하되 숲이 우거져 촬영이 어려운 경우에는 30~50m 높이의 사다리차를 타고 올라가 촬영하기도 했다. 그마저도 여의치 않은 상황에서는 일대에서 가장 높은 지형지물에 올라가 사진을 찍었다. 경복궁에서의 작업은 난관의 연속이었다. 경복궁이 군사시설 보호구역 내에 있어 항공기도, 사다리차도 사용을 허가받지 못했다. 다행히 국립고궁박물관이 국립중앙박물관이던 시절 로비에 설치했던 축소 모형을 수소문해 촬영하고 발품을 팔아 부족한 부분을 메웠다. 그림은 안그라픽스에서 맡았는데 8명의 디자이너가 1년간 애써주었다.

PASS THE MOP 드러내고 마련하다

서울 5대 궁궐 안내 시스템 개발 및 안내판 디자인 개선사업은 시각 디자이너, 건축가, 조경가 등 각계 분야 전문가가 중지를 모아야 하는 기획의 종합판이었다. 궁궐의 품격에 어울리는 형태적 아름다움을 찾아내고, 쉽고 정확한 정보 디자인의 영역까지 두루 살폈다.

PASS THE MOP 드러내고 마련하다

PASS THE MOP 드러내고 마련하다

"역사적인 문화재를 설명하는 장치와 문화재 자체는 차별되어야 한다고 봅니다.
과거와 현재를 명확히 구분하는 것은 오히려 과거를 무작정 모방해
역사적 이미지를 훼손시키지 않겠다는 의미가 깃들어 있습니다."

투바이포2×4 대표 디자이너 마이클 록Michael Rock (《궁궐의 안내판이 바뀐 사연》 中)

PASS THE MOP 드러내고 마련하다

궁궐에서 전국으로, 우리 문화의 얼굴

안내판 수준이 높아졌으니 리플릿 같은 다른 안내 매체 디자인 수준도 끌어올려야 한다는 분위기가 조성된 것도 혁혁한 성과다. 창덕궁, 경복궁 안내판 설치 이후 진행한 창경궁, 종묘, 덕수궁까지 궁궐 안내 매체 콘텐츠 연구를 진행하고 인쇄물 일체도 새롭게 리뉴얼했다. 공공을 대상으로 어떤 정보를 알릴 때, 기존 모습에 무언가를 새로 덧대야 할 때 얼마나 진중하게 검토하고 신경 써야 하는지를 알리는 선례가 되었다. 사업의 발단부터 준공 후 리뷰 회의까지 전 과정을 도면과 사진, 글로 담은 책《궁궐의 안내판이 바뀐 사연》[2008]을 발간하는 것으로 궁궐 프로젝트의 여정은 일단락되었지만, 이 일을 씨앗으로 곳곳에서 변화가 일기 시작했다.

  2008년부터 2010년 사이에는 궁궐 담장을 넘어 합천 해인사, 안동 하회마을, 경주 양동마을까지 뻗어나갔다. 전국에 있는 문화유산의 안내판 현황을 검토하고 개선하는 시범 사업이 진행된 것이다. 이때도 새로운 표준을 만든다는 생각으로 해인사에서는 산지가람형 사찰 건축물의 안내판은 어떻게 권역을 설정해야 그 가치가 쉽게 전달되는지, 하회마을과 양동마을에서는 관람 동선 통제가 불가능하고 주민들이 거주하는 상황에서 어떤 디자인이 적절한지를 제안했다. 이후 2011년 경주 문화재 안내판 모니터링 연구, 2012년 제주도 문화재 안내판 모니터링 연구사업으로 광역적 범위에서 안내판 현황을 진단하기도 했다.

  프로젝트 개시 10주년을 앞둔 2013 − 2014년에는 한양도성, 서울 문묘와 성균관 등 궁궐 밖 도심에 있는 문화유산의 안내판을 정비하는 일을 시작했고, 제주도 천지연으로 내려가 천연기념물 등 자연 유산에 대한 안내판의 새 모델도 만들었다. 이러한 변화는 문화유산을 더욱 돋보이게 하고 더불어 관람객의 감상과 이해를 돕는 방식이 된다.

궁궐의 조명을 다시 밝히는

궁궐의 불빛을 다시 켜다

꽤 오랜 시간 궁궐의 기본적인 환경 정비를 하면서 보이지 않았던 것들이 점차 눈에 띄기 시작했는데 그중 하나가 보존과 활용 사이의 간극이었다. 관리 운영 차원에서, 또 전각에 생기를 불어넣기 위해서는 내부에 빛이 있어야 했다. 이에 궁관리소에서 곳곳에 조명 시설을 설치했는데, 굵은 전선 다발이 그대로 드러나 있거나 조명 시설의 존재감이 강렬해 오히려 전각 관람을 방해했다. 근대 이후 궁궐 관람을 위해 설치한 시설은 안내판과 마찬가지로 궁궐에 특화된 공공디자인 개발로 진행해야 하는 영역이며 긴 시간 동안 다각적 연구를 통해 이상적인 결과물을 이끌어내야 한다. 문화재청과 함께 고민하던 과정에서 창덕궁 희정당과 대조전 일원에는 전각 건립 당시 설치된 조명이 있음을 확인하고 기존 등을 켜 내부를 밝히는 작업을 시작했다. 이는 본격적인 내부 정비를 위한 신호탄이 되었다.
    희정당과 대조전 모두 전통과 근대의 문화적·건축적 요소가 공존해 시대의 변천사를 엿볼 수 있는 건축물이다. 한옥에 유리창과 커튼, 조명을 설치하고 입식 가구를 배치한 풍경은 전통 건축양식과 서양 근대 건축양식의 첫 대면을 보는 듯 흥미롭다. 이곳의 묵은 먼지를 털어내고 다시 본래의 불빛을 밝히는 작업은 궁궐 원형을 재현하는 새로운 접근이었다. 효성그룹의 후원과 문화재청의 협력, 100년 전 설비를 분석하고 다시금 작동할 수 있게 한 알토의 기술력 등이 든든하게 뒷받침되었다.

Project   창덕궁 희정당 및 대조전 일원 관람환경 개선사업
Period   2018 — 2021

샹들리에의 먼지를 털어내며

희정당과 대조전 모두 재건 당시에 작성한 도면이나 설비에 대한 기록이 부재한 상황이었기에 전등·전열 설비의 현대화, 조명 시설 정비를 위해 더 깊게 들여다보고 핵심 어젠다를 찾아야 했다. 형체가 희미할수록 가까이 밀착해 더 자세히 들여다봐야 하는 법이다. 누렇게 먼지가 쌓인 샹들리에를 다시 밝히는 일은 1년이란 시간이 필요할 정도로 정밀한 작업을 요했다.

  전각 내·외부에 설치된 전등 기구가 총 240기란 현황을 바탕으로 희정당 일원 전체의 전기 및 전열 공사를 추진했다. 기존 전선 중 사용 불가한 것은 철거하고 신규 전선을 배선했다. 그다음에는 점등 대상으로 정한 접견실 샹들리에 6기와 대조전 샹들리에의 구조를 분석하고 갓·등·소켓·나사 현황까지 재점검했다. 알토의 기술 후원을 받아 현재의 전기안전법에 준하는 소켓을 개발하고, 접견실 샹들리에의 전선 피복이 실크 원사로 짠 다회임을 확인한 뒤 임금희 다회 장인과 새로 피복을 만들었다. 대조전 샹들리에의 황색 직물은 전통문화연구소 온지음 옷공방에서 원단 성분 분석, 직물 두께, 경위사의 밀도, 패턴 크기와 간격, 바느질 기법 등을 연구해 원형을 파악한 다음 동일하게 제작했다. 2019년에는 복도 등 다른 영역도 보수해 희정당 내부 전체의 불을 밝혔다.

PASS THE MOP 드러내고 마련하다

창덕궁 희정당 및 대조전 일원 관람환경 개선사업은 사업 시행 당시 시점에서의 현황을 유지하면서 점등에 필요한 부분을 교체하는 방식으로 진행했다. 근대화 시기의 변화를 반영한 궁궐 모습과 생활상을 볼 기회로 기대감이 높았다.

PASS THE MOP 드러내고 마련하다

"창덕궁 대조전과 희정당이 본모습을 찾아 시민에게 공개되는 것은
매우 의미 있는 일입니다. '문화재 지킴이' 기업으로서
아름지기와 함께 더 다양한 문화재 보호 활동을 펼쳐나가겠습니다."

효성그룹 회장 조현준 (효성그룹 2018년 10월 31일 자 보도자료 中)

우리를 비추는 거울이기에

2019년 4월, 굳게 잠겼던 빗장이 풀리고 오랜만에 창덕궁 희정당 문이 활짝 열렸다. 문화재청 창덕궁관리소에서 4월 3일부터 5월 25일까지 내부 특별 관람을 추진한 것이다. 희정당 접견실 샹들리에 6기도 환하게 켜졌고, 관람객은 희정당 내부를 거닐며 그 화려하고 우아한 분위기에 연신 눈으로 천장을 훑는 모습이었다. 마치 100년 전 그때를 오늘로 되돌려놓은 듯 빛나는 조명에, 꺼진 불빛을 다시 밝힌 현대 기술의 성취를 모두 높이 평가했다. 이후 창덕궁관리소는 희정당의 카펫, 벽지, 가구 등의 수리를 포함해 자체적으로 내부 정비를 시작했다. 전각의 내부를 밝힌다는 것은 궁궐 재현 사업을 본격화한다는 의미다. 고요하던 빈 공간에 다시 발길이 이어지고 유리창에 우리의 얼굴이 맺힐 때 역사는 우리 곁에서 살아 숨 쉬며 새로운 내일을 비출 것이다. 우리는 끊임없이 전통과 현대에 다가서고 있다.

PASS THE MOP 드러내고 마련하다

PASS THE MOP 드러내고 마련하다

자연 유산에 걸맞은 공공디자인을

주상절리대 경관 설계를 위한 공모전

제주도 주상절리대 공공디자인 개선사업은 세계적으로 우수한 자연환경에 비해 관람 환경은 그렇지 못하다는 인식에서 출발했다. 제주도로 관계자를 찾아가 공감대를 형성하고, 1980년대에 조성된 이후 문화재보호법에 따라 시설 변경을 하지 못한 채 과거의 틀에 묶여 있는 장소를 사업 대상으로 선정했다. 장소의 맥락과 무관한 시설물, 빼어난 경관에 비해 비좁은 조망 데크, 가까이 다가가서 볼 수 없게 하는 동선 등이 쾌적한 관람을 방해하는 요소로 꼽혔다. 이 문제를 타개하고자 전문가의 참신한 아이디어를 모으고 관람객의 관심을 끌기 위해 경관 설계 지명국제공모를 추진하기로 했다.

    문화재청과 서귀포시, 그리고 관련 분야 전문가와 함께 1년 정도 기획한 끝에 서귀포시 이어도로 36-30 일원 중문·대포해안 주상절리대 관람로 및 전망대 등을 위한 경관 설계 지명국제공모를 2018년 8월 공고했다. 선정위원회는 6개 팀을 지명 초청했다. 최대 과제는 이 장소의 본질을 꿰뚫는 분석과 이곳에 반드시 더해야 할 가치를 제안하는 것이었다. 주차장에서 출발하는 관람객 동선이 방문객센터, 화장실 및 관리사무실, 매표소, 검표소, 조망 데크, 후문 매표소까지 이어지는 과정에서 정체 구간은 어디인지, 관람객이 놓치고 가는 정보는 무엇인지를 살피는 현황 리서치 작업이 선행되어야 했다. 특히 해안을 따라 분포한 주상절리대의 여러 표정, 즉 콜로네이드, 부챗살 형상, 다각형 단면, 중절모 형상, 몽돌해변 같은 서로 다른 지형을 관람하기에 적합한 환경을 각각 만드는 것도 핵심 이슈였다.

Project   제주도 주상절리대 공공디자인 개선사업
Period   2016 — 현재

수평적 깊이와 트멍 경관

당선작은 디자인 감독인 김아연 서울시립대학교 교수와 대표사 아뜰리에 나무 외 5개사로 구성된 팀의 계획안으로 선정되었다. '수평적 깊이와 트멍 경관'이라는 개념을 바탕으로 하여, 고고학자의 자세로 표토를 걷어내 때로는 관람객이 직접 두 발을 딛고 대지와 만날 수 있게 한다는 취지를 녹여 냈다. 트멍이란 '틈'의 제주 방언이다. 관람로와 탐방로 두 가지 동선을 제안하며 근경과 원경으로 경관을 조망할 수 있게 하고, 탐방로의 인공 바닥과 계단을 철거가 용이한 구조로 설치해 언제든 천연기념물의 원형을 복원할 수 있게 한 점도 특징이다. 이 장소의 주인공은 가늠할 수 없는 역사적·지질학적 가치를 지닌 주상절리대, 그리고 그와 마주 선 관람객일 것이다.

    공적 영역을 개선하려는 노력은 더욱 나은 우리의 내일을 만드는 구체적이고도 확실한 실천이다. 그리고 이 과정에는 민간 전문가들의 참여와 행정의 굳센 의지가 뒷받침되어야 한다. 제주도 주상절리대 공공디자인 개선사업이 오늘날 공공 공간의 모습에 질문을 던지고 더 나은 개선 방향을 모색하는 방법을 비추는 사례가 되길 바란다.

제주도 주상절리대 공공디자인 개선사업은 천연기념물 일원을 대상으로 한 공공디자인의 새로운 접근을 보여준다. 번잡한 구조물을 걷어낸 뒤 누구나 오감으로 날것의 자연을 느낄 수 있도록 최소한의 장치만 더할 예정이다.

"전체 풍경이 경질화되고 인간화된 풍경보다
때에 따라서는 인간적인 개념의 원시적 풍경 등 훼손되지 않은 것에 대한
관계성이나 긴장을 만들어낼 필요가 있다고 생각합니다."
서울시립대학교 교수 김아연 (《대한건축사협회 건축사신문》 2019년 10월 2일 자 기사 中)

PASS THE MAT

먼지를 털고 바닥에 생기와 윤기를 입히니 공간이 드러났다.
넓은 궁궐이든 소박한 서촌 한옥이든, 눈에 보이지 않지만 가득 채워져 있는 한국인의 체취.
이를 모두 느끼고 나눌 수 있도록 공간을 정리하고 자리를 마련했다.

채우고 나누다

PASS
THE MAT

새롭게 재해석되는 장소여야

우리는 이상을 모른다

우리는 시인, 소설가, 건축가, 그리고 디자이너이기도 했던 이상은 기억하지만 인간 이상에 대해서 잘 모른다. 그가 남긴 작품으로 추측할 뿐 그가 살았던 생가도, 누워 잠든 묘소도 남아 있지 않다. 다행히 건축가 김원은 이상이 양자로 3세부터 23세까지 큰아버지 집인 통인동 154번지에 살았다는 기록을 바탕으로 김수근문화재단 이름으로 집터 일부인 통인동 154-10번지를 매입했다. 2007년 우리는 단편적으로 남아있는 이상을 다시 발굴해보자는 취지 아래 개발이란 광풍 속에 필지가 나뉘고 가게 간판으로 덮여버린 75㎡의 땅을 마주했다.

　이상의집은 동상을 세우거나 유품을 전시하는 기능적 접근보다 새롭게 이상을 해석할 수 있는 장소여야 했다. 인간 이상의 삶, 그가 살았던 근대사회, 역사성 깊은 서촌 동네와 주민을 모두 품을 수 있는 그릇 같은 집. 그가 바라보았던 하늘, 땅 그리고 골목을 함께 바라보고 싶었다. 그런 의미에서 이 프로젝트는 단순히 문화 공간을 만드는 건축 프로젝트가 아니라 인물을 기념하는 새로운 방식을 정립하는 일이었다. 물리적 공간과 더불어 오늘의 시대와 호흡할 수 있도록 공간과 콘텐츠를 함께 고민해야 했다. 과거보다 오늘이, 침묵보다 대화가, 현실보다 이상이 어울리는 공간. 문학, 건축, 디자인 등 문화·예술계 전문가들과 논의한 끝에 존재감을 드러내지 않고 가장 단순한 형태의 최소한의 건축물이 되어야 한다는 것을 원칙으로 삼고 주요 인물들이 모였다. 기술보다 상상력이 필요한 작업에 건축가 민현식을 등대 삼아 건축가 최욱이 코디네이터로서 키를 잡고 젊은 건축가 신혜원, 이소진, 이지은, 장영철,

Project　이상의집
Period　2007 — 2016

전숙희 등이 설계 작업을 시작했다. 건축가들은 뻔한 비유나 설명은 피하고자 했다. 그들은 워크숍을 통해 소화되지 않고 검증되지 않은 내용을 자의적으로 해석하는 것을 배제하고 일상의 경험에서 이상을 기억할 수 있는 공간을 떠올렸다. 이상은 시대를 초월한 젊은 예술가다. 고정관념에서 벗어나 자유로운 해석이 필요하다. 건축가들은 좁은 대지에서 모든 것을 구현하거나 쓰임 방식을 규정하지 않고 자유로운 행위가 무한대로 변화하는 공간을 만들기를 희망했다. 그런 실험적 행위가 이상의집을 넘어서 서촌 지역으로 번지기를 바라면서 말이다.

"이상은 그 시대의 인디indie였죠. 1920~1930년대 아웃사이더랄까.
여기 서촌은 요즘으로 치면 홍대 앞이었던 셈이고요. 이 시대의 인디
예술가들이 모여들어 이상과 함께 노는 공간이면 좋겠죠.
도저했던 이상의 그 절망을 즐기며 기교를 낳아보자, 하면서요."

파주타이포그라피학교 날개 안상수 (《중앙일보》 2013년 4월 19일 자 기사 中)

이상을 다시 만나는 시간

좁은 골목길에 들어서면 오래된 기와지붕을 얹고 있는 이상의집을 만나게 된다. 와이즈WISE 건축 대표 장영철, 전숙희는 지저분한 간판과 마감재를 떼어내고 그 속에 가려져 있던 구조를 드러내며 막혔던 중정을 다시 열었다. 증·개축한 벽, 목재 대들보, 철재 빔이 포개지면서 다양한 삶의 흔적이 지층처럼 드러났다. 조형예술가 유영호는 서촌 전망대를 만들어 이상 가옥의 여러 필지와 서촌 일대 풍경을 조망할 수 있도록 했다.

스와SSWA 대표 이지은의 설계로 2014년 3월 재개관한 이상의집은 밖에서 보면 유리를 통해 내부 전체가 들여다보인다. 유리는 자연스럽게 집 안과 밖, 과거와 현재, 현실과 이상을 연결하고 주민을 이 공간으로 초대한다. 내부로 들어서면 ㄱ자형 한옥과 콘크리트 박스가 만나는 곳에 육중한 철문이 보인다. 문을 기준으로 과거의 켜를 살린 '이상의 집'과 현재의 켜가 느껴지는 '이상의 방'으로 나뉜다. '이상의 집'에서는 벽면에 빼곡하게 전시된 아카이브를 볼 수 있다. 한편 '이상의 방'에 들어서면 어두운 공간 안에 작품 영상이 벽을 타고 흐른다. 단편소설 《날개》에서 자신의 방을 어둡고 습하고 햇빛이 들어오지 않는 곳이라 언급한 것처럼 세상을 향한 질문과 사색에 빠져 있던 시간이 방 안에 그림자와 함께 드리워 있다. 한 줌의 빛을 따라 계단을 오르면 좁은 야외 공간이 나온다. 그곳에서는 인왕산과 서촌 하늘이 보인다. 집 안 곳곳에는 이상을 떠올리게 하는 암호 같은 단서들이 새겨져 있다. 안상수 그래픽 디자이너가 디자인한 명패와 한글 자음과 모음을 응용한 점등형 간판도 그 일부다. 이상을 시각예술로 재해석한 것이다.

오늘날의 이상을 위하여

2011년부터 시작한 '이상과의 대화' 프로젝트는 조형예술가 유영호, 작가 이주영, 포르투갈 출신 작가 페드로 라고아Pedro Lagoa, 미술평론가 정현, 와이즈WISE 건축이 함께하며 누구나 찾아와 이상을 기억할 수 있는 열린 공간이 되도록 하기 위한 행사를 한 달 동안 열었다. '아, 으, 우, 후, 흐…' 등의 글자로 이뤄진 지붕 위 텍스트 설치 작업을 통해 비가해적이고 난해하기로 유명한 이상의 텍스트에 대한 시각적 메타포와 더불어 다양하고 풍부한 해석의 가능성을 제시했다. 이상이 운영했던 제비다방을 현대적으로 해석해 다방, 라운드 테이블 토크, 워크숍, 공연장 및 영상 상영 공간으로 소개했다.

이상의집은 이상을 기억하고 지역을 사랑하는 이들이 누구나 자유롭게 방문해 휴식하고 관람할 수 있도록 무료로 개방했다. 더불어 문화·예술계 사람들과 함께하는 일일다방 등 참여 프로그램을 포함해.인문학적 시선으로 이상을 탐구하는 동시에 근대사회를 떠올리게 하는 정기 전시와 서촌 지역을 둘러보는 답사 행사도 열렸다. 이상을 테마로 문학, 건축, 디자인, 음악, 영화, 무용 등 분야에 한계를 두지 않고 예술가들이 모였다.

권영민 교수, 고故 황현산 교수, 함돈균 문학평론가 등의 기획으로 이상의 생애와 문학을 심도 깊게 들여다보는 강연도 정기적으로 열렸다. 매년 4월 17일 이상의 기일과 9월 23일 이상의 생일에는 특별한 행사가 함께했다.

이상의집을 찾아오는 사람은 다양했다. 예술가뿐만 아니라 지나가던 사람과 동네 주민까지 연간 4만 명이 찾아오는 열린 공간이 되었다. 이상의집은 이상이 직접 운영한 제비다방처럼 예술가들이 자유롭게 의견을 나누고 서로 창작 의욕을 북돋우며 못 했던 말을 쏟아내는, 자유와 실험을 위한 플랫폼이었다. 누구나 이상이 되어 이곳을 자유롭게 활용할 수 있었다. 서촌 주민은 물론 누구든 편안하게 찾을 수 있고 이상異常한 일이 일어난다고 해도 놀라울 것이 없었다. 대화와 만남을 통해 이상의 이야기를 듣는 일은 이상을 만나는 또 다른 방법이 되었다. 모여든 사람에 따라, 주제에 따라, 이상의집은 빠르고 유연하게 움직였다.

2011년 4월 문을 연 이상의집은 아름지기 자체 기금으로 '이상의 방'을 증축하고 공간을 개보수하여 2014년 3월 재개관했으며, 2016년 여름 문화유산국민신탁에 기탁했다. 문화유산신탁법에 의해 영구보전될 수 있을 뿐 아니라, 인물을 기념하는 새로운 방식이 구현되고, 지역의 거점으로서 자리를 잡았다고 판단해서다. 따라서 2016년 7월 1일부터 이상의집은 문화유산국민신탁이 운영·관리하고 있다.

이상의집 프로젝트는 인물을 기념하는 방식, 기존 장소를 존중하는 건축적 태도, 그 공간에서 다양한 층위의 사람들이 만들어내는 행위, 그리고 운영 방식에 대해 분야별 전문가들과 오랜 시간 다각도로 고민한 결과물이다. 안국동한옥에서 시작된 공간 운영 방식을 토대로 하여 이상이라는 전위적인 캐릭터가 주는 콘텐츠의 무한한 가능성을 실험함으로써 아름지기 사업 영역의 저변을 확대하는 중요한 계기가 되었다. 북촌 지역에 비해 덜 알려졌던 서촌 지역에 대한 관심도 높아졌다. 사람들은 이상의집을 대문 삼아 북촌 한옥 마을과는 또 다른 매력으로 다가오는 서촌 동네를 넘나들기 시작했다. 그렇게 이상의집에는 각자가 해석하는 자신만의 이상李箱과 이상理想이 산다.

PASS THE MAT 채우고 나누다

'이상의 방'은 '이상의 집'에 삽입된 이상에게 헌정된 공간으로 작지만 끝없이 열려있는 방이다. 묵직한 철문을 밀고 진입하면 좁고 어두운 내부를 만나게 된다. 어둠 속에 떨어지는 한줄기 빛을 따라 계단을 오르면 마당과 지붕 너머로 다시 서촌과 인왕산의 풍경을 향해 열리게 되는 대조적인 공간적 체험을 하도록 설정되었다.

지우기보다
새로운 역할 부여하기로

땅에 새겨진 윤곽과 기억

한양도성은 서울의 구도심을 품고 있다. 식민 시기, 6·25 전쟁, 도시화와 산업화 등 극심한 성장통을 같이 겪어왔다. 한양도성이 이런 굴곡을 견뎌낼 수 있었던 것은 성벽 자체가 일반 건축물처럼 땅 위에 서 있는 것이 아니라 능선을 따라 땅과 온전히 한 몸을 이루고 있기 때문이다. 그래서 한양도성의 진가는 성벽이 아니라 '지형'에서, 주변으로 복잡하게 얽혀 있는 '주거 및 건축물'에서, 오르내리는 땅을 따라 조성된 '조경'에서도 찾을 수 있다.

서울시는 이런 남다른 가치를 세계 인류와 함께 보존하기 위해 유네스코 세계유산 등재를 꿈꿨고 땅에 새겨진 윤곽과 기억을 함께 찾자고 요청했다. 한양도성 전 구간의 안내판 디자인 및 시스템을 개선하고 어디부터 손을 대야 할지 몰랐던 혜화문 지역을 탐구하기로 했다. 그곳에는 일본식 주택 형태를 따른 구 시장공관과 혜화문까지 이어지는 16m 성벽 단절 구간이 있었다.

2000년대 이전까지 한양도성의 복원은 문화재 이외의 흔적을 지우고 깨끗하게 새로 짓는 방향에 가까웠다. 하지만 근현대의 변화 과정 또한 한양도성을 이루는 역사의 일부분으로 이를 지우기보다는 새로운 역할을 부여하기로 했다. 잃어버린 길을 더듬으며 해야 할 일은 재생만이 아니었다. 요즘 사람들이 그 길을 걷고 쉴 수 있는, 그래서 새롭게 기억되는 장소가 되도록 해야 했다. 복원, 건축, 개조, 공공디자인, 내부 프로그램 기획을 혼합한 작업이 필요했다. 구 시장공관은 허물지 않고 활용하기로 했다. 일본식 주택이라 할지라도 그 자체가 우리 이야기이고 근대 자산이다. 최대한 원형을 살리되 공관 건물뿐만 아니라 주변의 한양도성은 물론 혜화동 일대의 변화 과정을 담은 전시·안내센터로 만들기 위해 복원, 건축, 내부 활용 프로그램을 함께 진행했다. 이 프로젝트는 한양도성이라는 중요한 문화유산과 그 일대를 다루는 방식에 대해 끊임없이 질문을 던지며 해답을 찾아내야 하는 어렵고 큰 도전이었다.

Project 한양도성 혜화동
전시·안내센터(구 시장공관)
Period 2014 — 2016

단절된 옛집이 성곽과 이어지도록

서울시 종로구 혜화동 27-1번지에 위치한 이 집은 1941년에 지었다. 개인이 거주하던 공간이었다가 해방 이후 대법원장 공관으로 쓰였고 1981년부터 시장공관으로 이용되어 2013년까지 13명의 시장이 머물렀다. 이 모든 역사를 압축하는 공간을 그리기 위해 땅부터 들여다봐야 했다. 한양도성 성벽을 담장으로 사용할 정도로 집이 성벽 위에 앉은 모양새라 낡고 손볼 곳이 많아 함부로 공사를 시작할 수 없었다. 시대의 흐름에 따라 부피를 키운 집이기에 처음 지을 당시 어떤 모양이었는지 확인하는 작업도 필요했다. 건물 주변 땅을 4~6m까지 파고 지층과 흔적을 살폈다.

이 모든 작업을 면밀하게 들여다보는 일에 원오원 아키텍츠ONE O ONE Architects 대표 최욱이 함께했다. 우리는 관찰할수록 더 궁금해지고, 파면 팔수록 더 깊이가 느껴지는 건축물의 기존 형태는 살리고 기능은 변화시켜 창의적으로 보존하는 방식을 택했다. 증·개축한 부분은 제거해 원형을 회복하고 기둥과 천장 등 주요 부재의 원형은 보존했다. 또 구조 보강용 부재와 기타 새로운 재료는 원형의 구조, 구법 및 재료와 구별되도록 했다. 대지와 건물의 관계를 유지하되, 지속 가능한 사용을 위해 사회적으로 유용한 목적을 추구했다.

가장 먼저 눈길이 가는 곳은 뼈대가 드러난 노출 지붕이다. 이곳에서 일어난 일들을 가장 선명하게 기억하고 있을 낡은 지붕의 목조를 그대로 살렸다. 다음은 빛이다. 나무 기둥을 스치며 사방에서 빛이 모인다. 전면 유리창으로, 나무틀 창으로, 작은 틈으로 각기 다른 질감과 부피로 다가오는 빛의 조각들은 마음을 차분하게 만든다. 2층 창도 전시의 일부처럼 보인다. 시원한 통창 너머로 성북동 성곽 마을이 보인다. 바닥에도 이야기가 담겨 있다. 집터가 알몸처럼 드러나 있어 땅을 밟으며 이곳에서 일어난 일을 몸으로 느끼게 한다. 당시 집이 워낙 낡아서 몇 차례 개보수 작업이 필요했는데, 건축가 최욱은 새롭게 덧댄 부분을 일부러 두드러지게 드러냈다. 그렇게 함으로써 원래 모습이 더욱 선명해지도록, 단절되었던 옛집이 한양도성과 이어지도록 말이다.

집의 역사와 인물에 대한 이야기를 담은 전시

건축만큼 공을 들인 것이 내부 콘텐츠 기획이다. 한양도성, 시장공관이 자리한 혜화동과 혜화문, 그리고 한양도성을 담장 삼아 지은 이 집의 역사와 인물에 대한 이야기를 담아내기 위해 각 층이 서로 연결 고리로 이어지도록 했다. 옛 지도를 시작으로 시대에 따라 변화한 집, 한양도성, 혜화동 일대로 주제가 확장된다. 전시품도 그림, 사진, 영상에서 건축 모형으로, 때론 이곳에 거주한 사람으로, 그들의 사진과 그들이 쓰던 물건으로 달라진다.

1층 전시장에 들어서면 1751년영조 27에 제작한 〈도성삼군문분계지도〉와 이 집을 지은 1940년대 당시 혜화동 일대 상황을 한눈에 볼 수 있는 모형이 시야에 들어온다. 〈도성삼군문분계지도〉는 《어제수성윤음》에 실린 지도로, 한양도성이 외부 방어를 위한 요새가 아니라 치안 유지와 시민 안녕을 위한 방어벽이라는 것을 명문화한 첫 번째 기록이다. 혜화동 27-1번지 주변에 집과 도로가 새롭게 놓이고 혜화로터리가 생기고 전차 노선이 확장되는 등 1940년대 전후의 모습과, 현재까지 이어져오거나 혹은 변화된 모습을 모형과 영상으로 제작해 상세하게 알 수 있도록 했다. 2전시실에서는 한양도성의 축성법과 축성자들의 이름이 새겨진 각자성석, 창밖으로 보이는 외사산에 대한 설명이 이어진다. 서울시장이 서재로 사용했던 3전시실에는 이곳을 거쳐간 총 13명 역대 서울시장의 당시 생활 모습이 담긴 사진과 각 시장이 기증한, 당시 사용했던 물품 등이 전시되어 있다. 이처럼 시장공관은 시장이 직무를 수행하는 공적인 공간이자 가족과 함께 생활하는 사적인 공간이기도 했기에, 이곳에 거주했던 역대 시장들의 인간적이고 따뜻한 생활 속 모습을 엿볼 수 있다. 창밖으로 낙산의 능선이 시원하게 펼쳐진 4전시실에는 가옥의 목구조가 그대로 들여다보이는 노출된 천장 아래 작은 어린이 도서관을 마련했다.

"이 건물을 허물어버리자는 얘기가 나왔어요. 그런데 아름지기, 서울시, 우리 사무소가 힘을 합쳐 건물을 살리기로 한 거죠. 점진적인 변화를 수용해 기존 구조는 남겨놓고 기능은 변화시켜 창의적으로 보존한 셈이 되었죠. 일본 기법과 한국 목수에 의한 미학이 결합된, 꽤 잘 지어진 집이고 두 문화가 혼합된 특별한 건물이에요."

원오원 아키텍츠ONE O ONE Architects 대표 최욱 《Dwelling Archive vol.1》 건축가 최욱 인터뷰 中

PASS THE MAT 채우고 나누다

한양도성 혜화동 전시·안내센터(구 시장공관) 내부는 건물의 역사와 이곳에 살았던 인물에 관한 이야기를 담고 있다. 옛 지도를 시작으로 그림, 사진, 영상

PASS THE MAT 채우고 나누다

건축 모형, 소장품 등 다양한 방식으로 시대에 따라 변화한 집, 한양도성, 혜화동 이야기를 풀어낸다.

민관 협력 선례를 만드는 일

건축가가 '관찰'하는 동안 우리는 '관계'를 찾았다. 무엇을 남기고 무엇을 새롭게 보여줄 것인가, 그렇게 선택한 이유는 무엇인가. 동시다발적으로 이뤄진 한양도성 프로젝트 사이의 관계, 역사와 공간과의 관계, 과거와 오늘과의 인과관계를 찾아내려 노력했다. 기존 문화재 복원은 특정 시점으로 공간을 되돌리고 문화재 이외 흔적은 실용과 기능을 더해 변형하거나 완전히 삭제하는 방식이었다. 그러나 이번 프로젝트는 '과정과 변화'가 핵심이었다. 이런 의도가 건축 디자인에서부터 내부 콘텐츠에서까지 읽히기를 바랐다. 역사를 배우는 것도 중요하지만 어렵고 복잡한 내용을 담을 필요는 없다. 우리가 무심코 궁궐을 찾는 이유는 도심에서 한 발 떨어진 곳의 고즈넉함과 여유가 있기 때문이 아닌가. 이해하기보다 느낄 수 있는 공간, 모두의 쉼터가 되게 하려고 했다.

    콘텐츠 중심의 창의적 복원과 활용 방식이 가능했던 것은 경쟁 입찰 제도로 시작하는 기존의 서울 공공 프로젝트와 다르게 접근했기 때문이다. 이는 최고 전문가와 최대 결과를 내겠다는 우리만의 고집과 끈기로 만든 새로운 방식이었다. 서울시 예산으로 시공을 진행할 수 있도록 우리와 함께 한 방향을 보는 이들에게 지속적인 도움을 주었고 네이버가 손을 잡아주었다. 누구보다 창의적인 조직이 연결되니 추진력이 생겼다. 우리는 각기 다른 호흡으로 일하는 정부, 민간 기업, 건축 사무소의 중매자를 자처했다. 어려운 일이라도 제대로, 천천히 조율하면서 이룬 결실은 좋은 민간 협력 사례가 되었고 이후 서울시 공공 프로젝트 기획에도 영향을 주었다. 서울시는 문화재를 복원할 때 문맥을 고려해야 한다는 점에 공감하고 설계비 항목을 추가했다. 이제 다양한 방식으로 민관이 협력하고 있다. 달라진 방식 덕분에 공공 건축물의 완성도와 질이 높아지고 있다.

    한편 2021년 서울시는 한양도성, 북한산성, 탕춘대성을 함께 유네스코 세계유산으로 통합 등재하는 방안을 제안했다. 유홍준 교수는 《나의 문화유산답사기 10: 서울편 2》에서 "내 나라 사람들이 제대로 향유하지 않고 잘 알지 못하고, 귀하게 생각하지 않으면 세계유산에 등재되지 않는다는 것을 이번에 배웠다"라고 소회를 밝혔다. 한양 사람들은 도성 전체를 한 바퀴 도는 순성巡城 놀이를 즐겼다. 도성 안팎을 걸으며 경치를 즐기고 소원을 비는 것이었다. 우리도 모두 둘러보지는 못할지라도 길목처럼 서 있는 한양도성 혜화동 전시·안내센터(구 시장공관)로 향하자.

PASS THE MAT 채우고 나누다

집기를 들이고 사람이 찾아와야

궁궐의 생활사를 엿보는 일

사람의 온기가 있어야 공간이 완성된다. 아무리 잘 지은 집이라도 사람이 살며 닦고 가꾸지 않으면 금방 허름해진다. 2012년부터 시작한 덕수궁 궁궐 환경 가꾸기 사업과 국립현대미술관과 문화재청 덕수궁관리소 주최로 진행한 〈덕수궁 프로젝트〉를 통해, 궁궐 생활사를 제대로 관찰할 수 있게 하려면 궁궐에 집기를 들이고 사람이 찾아올 수 있도록 만들어야 한다는 것을 깨달았다. 박물관에 가면 시대별로 옛 기물을 전시한 방이 있다. 특별한 설명을 듣지 않아도 그곳에 들어서는 순간 과거로 이동해 그곳에서 일어난 일을 상상해볼 수 있다. 정확한 고증과 실견을 통해 형태, 디자인, 질감, 무늬까지 되살린, 시대를 압축한 집기를 보면 그것을 매일같이 보듬고 사용했을 인물을 떠올리게 된다. 어느 장소에서 특별한 의미가 있는 물건에서는 그것을 만든 사람과 사용한 사람, 발견한 사람 사이의 팽팽한 긴장감이 느껴진다.

    궁궐을 지속 가능한 공간으로 만들려면 깨끗이 비우는 동시에 집기를 들이고 사람이 찾아올 수 있도록 내부를 채우는 일이 중요하다는 것에 공감한 문화재청, 덕수궁관리소, 에르메스 코리아, 문화유산국민신탁과 함께 내부 공간 정비뿐만 아니라 궁궐 집기 재현 사업에 대한 진지한 논의를 시작했다. 이는 조선 시대 궁궐 역사와 문화를 엿볼 수 있는 기회를 만들고 국내 전통 장인들에게는 전통 공예 기술의 전승 기회를 제공한다는 의미도 있다.

Project   1. 〈덕수궁 프로젝트〉 침전 집기 재현
             2. 덕수궁 함녕전 집기 재현
             3. 덕수궁 즉조당 집기 재현
Period   2012 Project 1
            2015 — 2017 Project 2
            2018 — 2020 Project 3

함녕전에서 즉조당으로

시선이 모인 곳은 덕수궁 함녕전이었다. 함녕전은 고종 황제의 침전으로 1904년光武8 경운궁 대화재로 소실된 것을 그해 12월 다시 지은 것이다. 아름지기는 국립현대미술관에서 기획한 2012년 〈덕수궁 프로젝트〉로 함녕전을 찾은 적이 있었다. 설치미술가 서도호가 함녕전을 맡으면서 아름지기에 협력을 요청했고 이에 회원, 자원봉사자, 기업 회원과 함께 전각 청소를 했다. 기록을 바탕으로 홍종진 배첩장에게 능화지 제작을 의뢰해 도배를 진행하고 보료, 상궁 의상, 고종 의상 등을 제작하면서 전각에 활기가 도는 것을 경험하며 궁궐 집기 재현 사업의 중요성을 실감했다. 문화재청, 덕수궁관리소와 여러 전문가의 추천을 받아 관련 분야 자문위원단을 구성했다. 내부 동온돌과 서온돌의 장판과 도배를 정비하고 침전에는 무렴자를 드리워 함녕전에 온기를 불어넣었다. "왕과 왕비의 침실은 겨울이 되면 사방 벽에, 초록 모본단에 솜을 두어 두껍게 누벼 방장을 쳤고 천장에도 마찬가지로 앙장이란 것을 쳐 찬 바람이 조금도 들어오지 못하게 했다. 창문과 방문에도 초록색 솜 누비 무렴자 커튼을 쳐서 그야말로 초록색으로 은폐된 아늑한 방이었다." 자문위원단은 다양한 기록을 찾아 고종의 푸른 밤과 낮을 상상하며 방에 치는 무렴자를 시작으로 2016년 가리개 및 의례용으로 사용한 외주렴, 2017년 왕의 의자 용교의, 왕의 공간을 구성하는 병풍 오봉병, 바닥에 까는 용문석 등을 재현했다. 2018년부터는 집무 공간인 즉조당에 백수백복도수병, 평상, 경상, 보료 등을 만들었다. 먼지 쌓인 집기 속에 잠든 고종의 일상을 깨울 수 있었던 것은 국가 무형문화재 장인들 덕분이었다. 그들은 딱딱한 기록을 그대로 바라보기보다 유연하게 감상하고 관조했다. 왕의 기물을 만든 옛 장인의 입장이 되어 형태와 방법을 유추하고 연상하기도 했다. 정확한 기록이 없는 경우가 많았지만 최대한 자료를 수집하고 남아 있는 유물 실견을 통해 복원에 가까운 재현이 가능하도록 고증과 연구를 거쳤다.

만드는 장인을 생각하다

함녕전 관련 기록은 《고종실록》을 중심으로 외규장각 의궤 및 한국학중앙연구원 장서각의 고종·순종 어진도사도감의궤의 의궤도를 살피고, 해외 박물관이 소장하고 있는 고종 시대 한국 문화재에 대한 폭넓은 자료 조사를 통해 얻어냈다. 무엇보다 문화재청과 국립고궁박물관의 협조로 박물관 수장고 내 궁궐 유물을 국가 무형문화재 장인들과 직접 실견했다.

　궁궐 집기 재현 사업을 위해 수장고 문을 여는 일은 처음이었다. 글로, 사진으로, 어깨너머로 배우고 익힌 전통 공예 기술을 두 눈으로 확인하는 순간, 백발의 장인들은 고승 앞에 선 제자와 같은 자세로 유물을 꼼꼼히 살폈다. 국가 무형문화재 장인에게도 궁궐은 가까이하기에 먼 존재이며, 박물관 유리 너머로 보는 것만으로는 실물을 정확히 파악하기 힘들기 때문이었다.

김태자 자수장은 자신이 알고 있던 궁궐 자수 기법이 실제와 다르다는 것을 알고 놀라워했다. 과거에 실견한 적은 있으나 맨눈으로 확인할 수 있는 부분이 아니었는데, 고해상도 촬영으로 크게 확대해 바느질을 확인하는 과정에서 뜻밖의 발견을 한 것이다. 유물 손상을 우려해 자세히 살필 수 없었거나 섬세하게 손으로 매만지면서 파악해야 할 기물은 개인 소장 유물로 자세히 확인했다. 좌등을 제작한 권우범 소목장은 소장품을 대상으로 다양한 문양과 창살을 손으로 하나하나 더듬었다. 즉조당 규모에 맞도록 일반 좌등보다 작게 제작해야 했던 터라 문양을 정교하게 새기는 작업이 수월치 않았다. 그는 차후 이 일을 이어갈 젊은 장인의 부재를 안타까워했다. 궁궐 집기 재현에는 무형문화재 보유자와 이수자를 후원하는 일뿐만 아니라 젊은 장인을 양성하는 일 또한 필요하다. 한순간이 아니라 앞으로 계속 이어질 일이기 때문이다. 따라서 기존 교육 사업에 젊은 장인 양성 프로그램을 추가하고 장인 정신이 무엇인지 알리고자 노력했다.

 궁궐은 당대 규범과 격식을 갖춘 최상의 건축물이자 궁궐의 물품은 그 시대 최고의 장인 정신과 예술혼의 집약체다. 그런 뜻에서 이 작업은 궁궐, 전통 공예, 장인 정신을 날실과 씨실처럼 촘촘히 엮는 일이었다. 궁궐 집기 재현 사업은 잊힌 우리 공예의 쓰임새와 아름다움을 일깨우는 동시에 장인들이 명맥을 이어나갈 수 있도록 사회 각 분야의 많은 도움과 노력이 지속되어야 한다. 앞으로도 다른 전각을 순차적으로 정비하면서 궁궐 생활사를 자세히 살펴볼 수 있는 방법을 연구하고 국내 장인들이 전통 공예를 전승할 수 있는 방법을 찾아나갈 것이다. 한순간의 영광을 재현하는 것이 아닌 한국 전통문화의 가치와 공예 문화의 발전이 지속될 수 있도록 노력할 것이다.

> "단순히 과거 모습을 재현한 것이 아니라 과거부터 현재를 거쳐 미래로 이어질 21세기 문화재를 만들었다는 데 의의가 큽니다. 100년 후 후손들에게 이 모습이 그대로 이어지려면 향후 보존·관리도 철저히 해야 합니다."
> 한서대학교 문화재보존학과 교수 장경희 (《중앙일보》 2018년 4월 10일 자 기사 中)

2015년에 시작한 덕수궁 함녕전 집기 재현 사업은 크게 도배 및 장판 교체 공사와 무렴자, 외주렴 등의 집기 재현으로 진행했다. 2017년 왕실의 품격과 위엄을 완성하는 용교의, 용문석, 오봉병을 재현하고 2018년부터 즉조당 기물을 정비했다. 에르메스 코리아는 문화유산의 지속 가능한 보존과 활용에 공감하고 이 사업을 전적으로 후원하고 있다.

국악을 집 안으로 들여놓는

유형과 무형 유산을 함께

우리 가락은 공간이 악기다. 악기를 만들 때 건축에 쓰는 쇠, 돌, 실, 대나무, 박, 흙, 가죽, 나무를 활용하는 것도 그런 이유다. 연주자는 악기를 품에 안고 마룻바닥에 앉아 연주한다. 선율이 바닥, 벽, 천장으로, 공간 전체에 공명을 일으킨다. 한옥에서 가락을 연주한다는 것은 집, 사람, 음악을 연결 짓는 일과 같다. 자연의 재료로 만든 우리 전통 악기는 우리 몸에 맞게 지은 한옥에서 원음을 가장 잘 살릴 수 있다.

    악당이반 김영일 대표와 2007년부터 2011년까지 함께 기획한 산조 공연 가락은 서양 악기에 맞춘 무대, 일률적인 공연 방식에서 탈피해 우리 음악을 새롭게 느끼는 기회를 만들어주고자 했다. 유형 유산인 한옥과 무형 유산인 우리 음악이 조우한 것이다. 무대와 관객을 구분하지 않으며, 소리뿐 아니라 연주자의 몸짓, 숨소리까지 생생하게 느낄 수 있는 시간. 당시만 해도 이런 무대 방식이 생경했지만 점차 자연스럽게 자리 잡았고 우리 음악을 즐기는 좋은 방식이 되었다. 이처럼 같은 음을 반복하지 않는 구조, 한 사람의 작곡자가 평생 한 곡을 남기는 유일무이한 형식의 산조는 연주자에 따라, 공간에 따라 새로운 선율을 찾았다. 북촌뿐만 아니라 전국 방방곡곡의 한옥 문을 두드려 방석을 깔았다. 안국동한옥, 함양한옥에서 시작한 가락 공연은 2008년 궁궐, 2009년 지방 사찰, 2010년 지방 한옥 등으로 이어졌다. 그렇게 한옥 자체가 가락이 되어 한 걸음 물러나 있던 국악을 성큼 집 안으로 들여놓았다.

Project   가락
Period   2007 — 2011

"아름지기는 한옥과 우리 음악, 전통과 현재를 잇는 가교 역할을 했습니다.
우리 음악이 안고 있는 슬픔을 기쁨으로 승화하는 데 기여했습니다.
한 음은 한옥이요 전통이며, 또 한 음은 우리 음악이요 현재입니다."

악당이반 대표 김영일 《아름지기 소식지 2007》 가을호 中

한옥의 새로운 보존과 활용 방안에 대해 고민한 결과 국악 전문 음반사 악당이반과 함께 한옥에 우리 음악의 여흥을 담는 공연을 기획했다. 안국동한옥, 함양한옥에서 시작한 가락은 2008년 궁궐, 2009년 지방 사찰, 2010년 지방 한옥까지 장소를 확장했다.

PASS THE MAT 채우고 나누다

원형과 변형을 넘나들며

의衣

보이지 않는 정신

아름지기는 우리의 전통문화를 창조적으로 계승해 현대인의 삶에 자연스럽게 스며들도록 2004년부터 의식주衣食住를 바탕으로 한 기획전시를 개최해왔다. 전시는 전통 장인 및 현대 작가, 디자이너, 우리 문화를 아끼는 기업들과 함께하고 있으며, 기획전시 및 해외 전시의 콘텐츠는 구글 아트 앤 컬처Google Art and Culture 온라인 플랫폼을 통해 전 세계에 소개하고 있다. 의식주를 오늘과 연결하는 방법은 물질적 외형이 아니라 보이지 않는 정신에서 찾아야 한다. 한복을 예로 들면 무엇이든 감쌀 수 있는 보자기 같은 구조에서 '경제성과 융통성'을, 옷에 몸을 맞추는 것이 아니라 몸에 옷을 맞추는 성질에서 '인간에 대한 배려'를, 일할 때 거슬리지 않도록 숨겨진 장치에서 '실용과 편리'를, 밑단을 아름답게 장식한 데에서 '수다스럽지 않은 멋'을 찾아야 한다. 현재 우리가 입고 생활하는 현대적 의복에도 분명 한국인만의 태도와 미학이 깃들어 있지만 이런 접점을 발견하기가 쉽지 않다.

  의衣 전시는 형태보다 우리 옷을 아름답게 바라보는 시선과 태도를 배우는 기회가 되도록 했다. 기존 의복 전시가 한 시대와 주제를 점처럼 파고든다면 이 전시에서는 사방으로 퍼진 점을 연결해 선으로, 모양으로, 지도로 펼쳐 보이고 싶었다. 어느 시대에서 시작하든지 빠르게 맥을 짚을 수 있도록 말이다. 2004년 첫 전시 주제인 쓰개처럼, 빠르게 잊힌 것을 찾아내되 그 시작점을 고대, 삼국 시대로 거슬러 올라갔다. 의복은 한 나라의 문화를 상징하고 민족의 삶을 보여준다. 바지의 역사만 살펴봐도 광활한 동북아시아 대륙을 누비던 기마민족의 삶에서부터 조선의 유교 문화 속 선비와 사대부 부인의 삶까지 파악할 수 있다. 고대부터 더듬는 일은 조선 시대 의복에서 정체된 고정된 한복 이미지를 탈피하고 우리가 얼마나 자유분방하고 쾌활한 민족이었는지를 발견하는 일과 같다.

Title	〈전통의 맥: 생활 속의 아름다움을 찾아서 — 쓰개〉展
Date	Oct 1 — Oct 31, 2004
Title	〈우리 옷, 배자〉展
Date	Oct 23 — Nov 22, 2007
Title	〈유니폼, 전통을 입다〉展
Date	Nov 2 — Nov 8, 2010
Title	〈포袍, 선비 정신을 입다〉展
Date	Oct 31 — Nov 20, 2013
Title	〈저고리, 그리고 소재를 이야기 하다〉展
Date	Oct 8 — Nov 4, 2016
Title	〈고고백서袴袴白書: 우리의 바지, 이천 년 역사를 넘어〉展
Date	Aug 30 — Oct 20, 2019

읽고, 생각하고, 풀어내다

기획전시를 풀어내는 일은 항상 원형을 찾는 일에서부터 시작한다. 배자는 삼국 시대 고분 벽화에 나오는 삼실총의 귀족 남자, 안악 3호분의 묘주 부인, 덕흥리 고분의 시녀들의 그림에서 출발했다. 바지 또한 우리 고대의 유목 문화, 즉 스키타이 문화를 씨앗 삼아 기마민족의 역동성과 실용성을 담은 다양한 형태로 가지를 벌렸다. 기록을 찾고 고증을 거치는 작업에 전통문화연구소 온지음이 팔을 걷어붙였다. 온지음은 2013년 출범한 전통문화 연구 기관이자 아름지기 자매 기관으로 의식주 전반의 기획전시에 함께했다. 온지음은 복식의 시대적 기질과 심미성을 효과적으로 보여주기 위해 의복 소재까지 탐구했다. 시중에서 파는 옷감을 이용하지 않고 연구와 고증을 바탕으로 새롭게 제직해 사용했다. 봉제 기술도 옛 방식을 따랐다. 의복 형태는 유물 자료, 문헌 기록에서 찾고 실물이 부족한 경우 주변국에서 출토된 동시대 유물을 참고했다. 바지의 경우 입증 자료가 부족해 재현한 이가 없었지만, 누군가는 해야 한다는 사명감을 갖고 끈기 있게 밀어붙였다. 의복 패턴은 고증에 의한 치수를 그대로 적용하기보다 현대인의 체형에 맞게 조정해 요즘 사람들에게 수긍이 가고 아름답게 보이도록 노력했다.

　수백 년을 우리 조상과 함께한 물건에 대해 어떻게 역사적·형태적 의미만 따져물을 수 있을까. 의복의 원형과 변형을 넘나들면서 함의를 찾는 일은 옷 자체에서 탈피하는 작업과 일맥상통한다. 몸을 가리거나 보호하기 위해 만들어 입는 것이란 의미에서 탈피해야 했다. 우리가 해석한 의衣는 의복뿐만이 아니라 때론 책이고, 그림이고, 숫자다. 의복사 지식뿐만이 아니라 역사, 예술, 디자인, 인문학, 심지어 건축적 시선이 필요했다. 감상법도 마찬가지다. 입고 만지기만 할 것이 아니라 한 걸음 떨어져 관찰하고, 다른 방향에서 바라보고, 타인과 이야기 나누길 원했다. 생활 공간인 한옥과 전시 공간인 갤러리에 놓인 옷은 다르게 읽힌다. 전시 공간도 주제에 따라 달라졌다. 옷을 보여주는 방식도 차별화했다. 마네킹이 입은 옷을 볼 때도 있지만 그림처럼 벽에 걸린 옷, 한옥 문턱 너머 매달린 옷을 볼 수도 있었다. 사람들은 앉아서 또는 서서 다른 방향과 관점으로 즐겼다. 이런 섬세한 차이를 밀도 있게 이해할 수 있도록 강연 프로그램도 마련했다.

변형과 창조를 소화해낸 한복

이런 전방위적 감상은 마음껏 상상력을 발휘한 현대 디자이너들의 열정으로 더욱더 흥미진진했다. 속바지를 겉으로 드러내거나 투명하게 비치는 옷감을 이용하는 등 과감한 해석을 할 수 있었던 것은 단단하게 뿌리내린 과거에 대한 연구 덕분이다. 우리 조상들의 흔적에서 창의적이고 파격적인 시도를 찾을 수 있었다. 현대 디자이너들은 과거에서 현대적 분위기를 발견하기도 했다. 그만큼 전시 과정 자체가 모두에게 새로운 연구이고 놀라움이었다. 여러 분야 사람들의 손을 거치면서 콘텐츠는 진화했다.

　전시 〈유니폼, 전통을 입다〉, 〈포袍, 선비 정신을 입다〉에 참여한 진태옥 디자이너는 도록에서 "진짜 전통이 무엇인지에 대해서 잘 알지 못했고, 그러다 보니 자신감이 없었지만, 전시 작업을 통해 전통이 무엇인지 그 정체를 확실히 깨닫게 되었다"고 밝혔다. 이처럼 의衣 전시는 시대를 막론하고 옷을 만들고 다루고 생각하는 이들에게 던지는 질문이었다. 스스로 답을 찾고 움직이는 활동이었다. 〈유니폼, 전통을 입다〉처럼 사회를 향해 직접적으로 질문을 던지고 답을 논하는 자리도 있었다. 의복의 공공디자인, 즉 궁궐, 사찰, 한옥 등에 적용할 수 있는 유니폼 디자인을 제안했다.

　한복은 점점 오늘과 만나고 있다. 랩스커트 디자인을 접목한 허리 치마, 마고자에서 비롯한 재킷, 저고리가 연상되는 크롭트 톱 등 한복 형태에서 영감을 얻거나, 몸의 결점을 가리고 덮어주는 한복의 편안함에서 발전한 옷을 쉽게 볼 수 있다. 외국인들도 한복에 대한 궁금증을 쏟아내고 있다. 과거의 원형을 찾고 형태를 보존하는 것도 중요하지만 더욱 중요한 것은 그 유산을 현대인이 친근하게 느끼고, 누리고, 그 정신을 창조적으로 계승하도록 이끄는 일이다. 앞으로 의衣 전시는 보존과 활용이라는 어려운 과제를 뛰어넘어 현대적 쓰임에 맞게 재탄생, 재창조시켜 세계인들도 한 번쯤 입어보고 싶어 하는 역동적이고 기품 있는 한복을 보여줄 것이다. 더 이상 예복에만 머물거나 전형적인 형태에 매달리지 않고 적극적인 변형과 창조를 소화해낸 한복을 제안하려 한다. 의衣 전시가 21세기를 살아가는 이들에게 또 하나의 방향을 제시하는 계기가 되기를 바란다.

〈전통의 맥: 생활 속의 아름다움을 찾아서 – 쓰개〉展 2004
현대에 완전히 사라져 잊힌 것을 찾다가 발견한 것이 쓰개다. 쓰개란 관모冠帽라고도 하는데 머리를 장식하는 용도 외에도 신분을 드러내는 용도로 머리에 쓰는 물건이다. 특히 조선 시대에는 신분, 성별, 연령, 용도에 따라 엄격하게 구분해 사용했다. 옛 문헌을 통해 실루엣, 색채, 소재, 문양 등을 최대한 원형에 가깝게 재현하고 쓰개 문화를 소개했다.

PASS THE MAT 채우고 나누다

〈우리 옷, 배자〉展 2007
점점 잊혀가는 한복을 되살리고 우리 생활 속에 편안하게 다가가기를 바라는 마음으로 배자 전시를 기획했다. 안정된 비례에서 느껴지는 품격, 다양한 소재와 색채의 조화, 간결한 디자인 등 배자에는 현대인이 공감할 만한 요소가 많다. 삼국시대, 조선 전·중기, 조선 말기, 현대 등 네 시대로 나누어 배자의 변천 과정과 국제 감각에 맞게 재해석한 새로운 배자를 소개했다.

PASS THE MAT 채우고 나누다

〈유니폼, 전통을 입다〉展 2010
디자이너, 복식 전문가들과 함께 우리나라 문화 공간을 답사하고 의견을 모은 끝에 궁궐이나 한옥 안내원들의 유니폼과 사찰이나 한옥에서 입기 좋은 편의복으로 범위를 한정해 기획했다. 촉망받는 젊은 디자이너들이 전통문화 공간의 성격과 현대 라이프스타일을 고려해 창의적인 디자인의 복장을 만들었다. 이런 움직임은 생활 한복에 대한 고민으로 확장되었다.

PASS THE MAT 채우고 나누다

〈포袍, 선비 정신을 입다〉展 2013
포의 간결한 선, 절제된 면, 자연과 어우러진 아름다운 색상에서 옛 선비들이 추구한 자연미와 절제미, 그리고 격조 있는 품격미를 찾아볼 수 있다. 장인들이 선조들의 제작 기법, 소재, 치수 등을 연구해 고유의 아름다움을 그대로 담아내고 오늘날 착용하기에 편리한 치수와 구성법을 함께 고민했다.

〈저고리, 그리고 소재를 이야기 하다〉展 2016
한복에 대한 관심과 시선이 집중되는 현시점에 우리 옷의 원형을 제대로 소개하고, 이로써 여성 복식이 지닌 미감을 다시 한번 환기하고자 여성 복식의 기본 저고리를 주제로 삼았다. 시대별로 구분하지 않고 현대 기법으로 재탄생한 전통 복식 파트와 전통 복식을 재해석한 현대 디자인 파트로 나누어 다양한 가능성을 보여주었다.

〈고고백서袴袴白書: 우리의 바지, 이천 년 역사를 넘어〉展 2019
제목의 '고고백서'는 '바지 고' 자를 따서 지은 것으로 시대의 풍조나 미감에 따라 변화해온 바지의 조형적 형태와 실용적 쓰임을 조망하는 전시다. 시대별로 보여주는 기질적 특징과 더불어 예술적 아름다움을 느낄 수 있는 대표 아이템을 선정해 재현함으로써 조선 시대 한복 바지에만 익숙한 현대인에게 그 이전 시대의 바지가 얼마나 다양하고 개방적이었는지 알 수 있도록 기획했다.

식食

음식은 진한 핏줄처럼

모락모락 퍼지는 밥 냄새에도 우리는 어머니를 떠올린다. 음식은 그렇게 핏줄처럼 끼니를 함께 나눈 가족과 이어져 있다. 그 기억을 따라 어머니의 어머니, 그 어머니의 어머니로 거슬러 올라가면 우리네 조상과도 만난다. 밥상 위 그릇 하나에도, 술 한 잔에도, 제사상 위에도 조상의 하루가, 가족의 평안을 기원하는 마음이, 영靈과 육肉을 대하는 태도가 고봉밥처럼 가득 담겨 있다는 것을 느낀다. 기획전시 식食은 음식뿐만 아니라 상차림, 술상, 제례상 등을 통해 우리 식문화를 배우고 소화하는 시간이다. 시간이 고인 것, 마음이 깃든 것, 수천 년의 지혜와 수완이 이어져온 것에서 느껴지는 모든 맛을 천천히 음미하는 행사다. 2004년 의衣 전시 〈전통의 맥: 생활 속의 아름다움을 찾아서 – 쓰개〉, 2005년 주住 전시 〈생활 속의 아름다움 – 목공예〉와 마찬가지로 식食 전시 또한 고대부터 현재까지 전체 맥락을 파악할 수 있는 지도부터 그렸다. 원형을 그대로 재현한 전통 장인의 작품과 솜씨를 소개하는 동시에 이를 계승한 현대 디자이너와 공예가의 창의적 해석이 한 상에 올랐다. 먹을거리에 집중하기보다 식문화로 시야를 확장해 음식, 문화, 사람과의 관계를 살폈다.

잃어버린 미각과 태도 회복

이미 한식은 국내뿐 아니라 해외에서도 관심이 높다. 여러 매체에도 음식 관련 볼거리가 넘쳐난다. 이럴 때 필요한 음식 전시는 재료가 아니라 지금 우리 주변에서 볼 수 없고, 기억할 수 없는 식탁에서 일어나는 행위일 것이다. 달리 말하면 잃어버린 미각과 음식을 대하는 태도를 되찾는 일이다. 전통이기 때문에 절대적으로 보존해야 한다고 강조하기보다 가볍고 유쾌한 방법으로 전통의 가치를 현대인에게 이해시키는 것이 중요하다고 판단했다. 특히 식食 전시에서는 사회 문제와 정책을 지적하고 패러다임을 바꾸는 노력도 필요했다. 문화 운동가처럼 목청을 높이기보다는 함께 반성하고 바람직한 방향을 찾아내고자 했다. 불균형적인 현대 식문화를 객관적으로 바라보고 대안을 제시하되 교육·참여 프로그램을 함께 기획해 현대인의 허기를 달래는 것이다. 이런 의도는 주제 선정에서부터 반영되었다. 2006년 〈우리 그릇과 상차림〉은 겸손한 음식 문화가 사라진 오늘의 식탁을 다시 점검하고 음식이 아닌 그릇과 상차림에서 그런 태도를 배우고자 기획했다. 2009년 〈행복한 새참, 도시락〉은 비위생적이고 비문화적인 단체 음식, 학교급식, 외식 문화와 넘쳐나는 음식 쓰레기 문제에서 출발해 검약한 정신을 배울 수

Title 〈우리 그릇과 상차림〉展
Date Aug 30 — Sep 27, 2006

Title 〈행복한 새참, 도시락〉展
Date Nov 7 – Dec 6, 2009

Title 〈끽다락: 차와 하나되는 즐거움〉展
Date Oct 11 — Oct 31, 2012

Title 〈맑은 술 안주 하나〉展
Date Sep 25 — Oct 30, 2015

Title 〈가가례家家禮: 집집마다 다른 제례의 풍경〉展
Date Sep 8 — Nov 2, 2018

있는 도시락 문화를 대안으로 제안했다. 2012년 〈끽다락: 차와 하나되는 즐거움〉은 커피공화국이라 불릴 정도로 거리에 카페가 즐비한 현실에 의문을 갖고 중국, 일본 못지않은 우리의 차 문화를 화두에 올렸다. 우리에겐 예를 갖춰 마시는 차 문화만 있는 것이 아니다. 현대 디자이너들은 아파트에서 도란도란 이야기를 나누며 즐길 수 있도록 차 도구를 제작했다. 2015년 〈맑은 술 안주 하나〉는 막걸리 열풍이 시작되던 시기에 절제와 중용을 추구하던 점잖은 전통 술 문화 이야기를 시작했다. 일제강점기의 자가 양조 금지와 서구화한 식생활로 사라진 가양주 문화를 되살리고 취하기보다 즐기는 방법을 알렸다. 2018년 〈가가례家家禮: 집집마다 다른 제례의 풍경〉은 허례허식처럼 남아 있는 제사를 조망했다. 제사가 공동체의 가치를 담을 수 있는 영감이 되고, 가족 간 화합을 이루는 아름다운 문화로 발전하길 바라는 마음을 담아 현대인을 위한 제사상을 제안했다.

나누고 함께 맛보는 자리

가장 먼저 헤아릴 것은 가족 건강을 위해서 정성스럽게 밥상을 차리는 마음이다. 음식 재료를 고르고 다듬는 순간부터 가족을 위한 마음이 시작된다. 마음이 재료가 되는 한 끼. 이렇게 음식에 담긴 한국인의 정과 사랑을 헤아리면 상차림, 조리 도구, 밥상, 부엌 공간에도 한국인만이 느낄 수 있는 맛이 존재한다는 것을 알게 된다. 前 문화재청장 나선화는 2006년 〈우리 그릇과 상차림〉 전시를 준비하면서 "상차림은 각 민족마다, 지역마다 강한 전통으로 이어지며 한국은 조선 시대 유교 이념을 바탕으로 한 선비 문화를 일상생활에 도입하면서 청렴하고 담백한 식생활과 상차림을 이 땅에 정착시켜 다른 나라와 구별되는 음식기의 발전을 이루었다"고 했다. 한옥에는 식사 공간이 따로 없다. 밥상을 펼치는 곳이 식사 공간이 되어 음식을 마주하고 사람이 모인다. 밥 한 끼 같이 먹자는 말이 왜 중요하겠는가. 음식을 나눈다는 것은 곧 마음을 나눈다는 것이다. 식탁에 둘러앉아 함께 밥을 먹으면서 대화가 시작되고 교감이 형성된다. 그런 의미에서 한국인의 식문화에 나눔의 태도가 빠질 수 없다. 2009년 〈행복한 새참, 도시락〉에서는 도시락을 함께 만들고 나누어 먹는 시간을 가졌다. 2012년 〈끽다락: 차와 하나되는 즐거움〉은 '차나 한잔 마시고 즐기라'는 의미의 '끽다락喫茶樂'을 전시 제목으로 정하고 매일 아침 맑은 기운차, 소화를 돕는 차, 오후의 나른함을 달래주는 차를 함께 마셨다.
　2015년 〈맑은 술 안주 하나〉 전시에는 우리 술과 어울리는 안주가 등장했다. 더 큰 나눔을 위해 전통문화연구소 온지음 연구원들은 각 술에 어울리는 안주를 개발했고, 각자 집에서 즐길 수 있도록 레시피를 개발해 배포했다. 우리나라는 계절별로 음식을 만들어 즐기는 풍속이 있었다. 봄에는 진달래꽃을 넣은 두견주와 두릅죽순채를 함께 상에 올렸다.

여름을 건강하게 보내기 위해 마셨던 과하주에는 연계찜이 어울린다.
가을에는 국화꽃 등 다양한 꽃과 약재를 넣은 한산 소곡주와 가을 별미인
송이섭산적을 추천했다. 온지음 연구원들은 레시피를 개발하는 동시에
우리 조상들이 음식에 담아내고자 한 철학과 태도를 함께 발굴했다.
도소주와 족편, 합환주와 대추단자, 교동 법주와 구운 가래떡·김·육포·
생밤을 함께 올린 마리아주의 모습은 새로웠다. 현대적 디자인의
술병과 술잔, 현대인에게 어울리는 술상과 공간이 함께했기 때문이다.
전시에 소개한 작품은 동시대 라이프스타일에 적합한 상품으로
인정받았다. 이렇게 전시는 전시 공간을 떠나 각자의 식탁에 도달해
끼니의 습관을 바꾸기를 희망했다. 편안하지만 가볍지 않게, 익숙하면서도
낯설게 말이다.

" 매일의 일상에서 마주하는 밥그릇·숟가락 하나에도,
사계절 달리하는 옷매무새에도, 일상을 담아내는 공간에도,
모든 순간에 한국인만의 문화가 담겨 있습니다.
국내외 다양한 전시 공간에서 펼쳐지는 우리 문화의 정수와 아름다움,
그리고 현대를 사는 우리의 삶에서 공유하고자 하는 가치를
발견하는 기쁨을 함께 누리시기 바랍니다."

아름지기 이사장 신연균 (《생활 속의 아름다움 —목공예》展 도록 中)

〈우리 그릇과 상차림〉展 2006
음식을 그릇에 차려내는 일은 가족의 평안을 기원하는 의식과 같다. 상차림은 시대, 민족, 지역마다 다르고 각 나라의 문화를 면밀히 들여다볼 수 있는 한 방법이다.

〈행복한 새참, 도시락〉展 2009
2009년에는 잊혀가는 한식의 원형을 찾기 위해 시작한 '아름다운 공양간 답사'를 시작으로 '사찰 음식 대향연' 등 식문화 연구에 정성을 쏟았다. 이는 자연스럽게 도시락 전시로 이어졌다. 엄마의 정성이 듬뿍 담긴 아이 도시락, 영양 만점 청소년 도시락, 감사의 마음을 담은 선물 도시락, 즐거운 피크닉을 위한 나들이 도시락 등 일곱 가지 테마로 공예가, 조각가, 디자이너 등 21명의 작가(그룹 포함)가 맛있게 전시를 차렸다.

〈끽다락: 차와 하나되는 즐거움〉展 2012
우리 차 문화를 알리는 것도 중요하지만 어려운 형식과 절차를 담기보다는 현대인의 바쁜 일상 속에서 함께할 수 있는 차 종류를 찾았다. 우리 하늘 아래서, 땅에서, 나무에서, 꽃에서 나고 자란 재료를 이용한 29가지 차. 차 연구가, 요리 연구가, 한의사 등이 현대인의 입맛에 맞는 우리 차와 간식을 제안하고 도예가, 공예가들은 더욱 간편하고 실용적인 다기를, 현대 디자이너들은 생활 곳곳에서 새로운 차 문화를 만들어갈 제품을 디자인했다.

〈맑은 술 안주 하나〉展 2015
도소주, 합환주, 관례주, 두견주 등 시기와 계절에 맞는 열 가지 술과 이에 어울리는 안주를 소개했다. 현대 공예 작가가 술안주를 담아내는 새로운 기물을, 디자이너는 현대인의 라이프스타일에 맞는 상품을 소개했다. 전통 술 문화의 기법, 정신, 소재 등을 각자의 방식으로 소개하는 자리였다.

PASS THE MAT 채우고 나누다

⟨가가례家家禮: 집집마다 다른 제례의 풍경⟩展 2018
제사 음식 문화는 유네스코 무형 문화유산의 미래 목록 중 하나일 만큼 무한한 가치가 있다. 그렇다면 형식은 간소화하되 정신을 강조할 수 있는 현대 제사상은 어떤 모습일까? 아파트에서 간단히 차릴 수 있는 제사상, 1인 제사상, 여행 중 손쉽게 차릴 수 있는 휴대용 제사상이 등장했다.

주住

다시 사람이 사는 집

2003년 안국동한옥을 소개하며 현대인에게 한옥이란 화두를 꺼낸 이후 기획한 주住 전시는 가구와 소품, 그 공간에서 일어난 행위까지 다루고자 했다. 이는 집과 삶을 연결하는 일이기도 했다. 우리는 어느새 규격화, 표준화된 집에 살면서 집을 가꾸고 만드는 방법을 잊어버렸다. 과거에는 내 집뿐만 아니라 대문 너머 골목까지 청소하고 가꾸며 일상에 맞게 집을 고치면서 살았다. 그래서 방마다 이야기가 있었다. 요즘은 중요한 행사가 모두 집 밖에서 이뤄지니 집을 다양하게 만들 필요도 없고 편리한 공간만 추구한다. 주住 전시는 집과 삶을 이야기하고, 다시 사람이 사는 집 풍경을 그리고자 했다. 지금 이 시대에 적용할 수 있는 방식을 찾는 데 무게중심을 두고 끊임없이 현재진행형 시제를 사용하는 것이 중요했다. 처마 아래, 바닥 위에 놓여 있는, 지문처럼 새겨져 있는 정신과 미학을 드러내고 지금 우리 공간에서도 옛 풍류와 멋을 즐길 수 있다는 것을 보여주고자 했다. 개성과 차이를 드러내기보다 공감대가 우선이었다.

    주住 전시의 첫 단추가 되었던 2005년 〈생활 속의 아름다움 — 목공예〉 전시는 아름지기란 이름에 걸맞게 돌보는 이 하나 없이 나동그라져 있던 소소한 아름다움까지 지키고 가꾸고자 한 의도와 이어진 전시다. 목공예는 한옥 못지않게 빠르게 사라지는 것 중 하나로, 비록 화려하거나 크게 드러나진 않지만 소박하면서도 쓸모 있고, 시간이 쌓일수록 더해지는 정겨움이 있다. 무엇보다 이 전시는 디자인보다 중요한, 공간에 어울리는 비례와 소재를 찾으려 노력했다. 2008년 〈한옥 공간의 새로운 이야기〉와 2011년 〈생활 속의 아름다움, 아름지기 가구: 절제美의 전통에서 실용을 찾다〉는 아파트라는 현대적 공간을 염두에 두고 한옥 라이프스타일을 삽입하는 데 초점을 맞췄다. 특히 〈생활 속의 아름다움, 아름지기 가구: 절제美의 전통에서 실용을 찾다〉는 한옥의 비례에 맞는 현대 가구와 아파트에 어울리는 우리 가구를 물색한 전시였다. 아름지기가 안국동에 한옥을 짓고 보듬은 지 5년 정도 흘렀지만 그때까지 한옥은 전통 가옥 형식에 머물러 있었다. 생활하기 불편하다는 인식 때문에 살고 싶어도 거리를 두거나 한옥에 어울리는 가구를 찾지 못해 낙담하기도 했다. 이 전시는 한옥을 통해 현재와 미래를 잇고자 하는 작은 소망으로 공간의 규모, 분위기, 형태에 따라 현대 디자이너 10명의 가구를 소개했다. 그리고 한옥을 단순한 전시 공간이 아니라 삶의 공간으로 끌어들여 현대적이고 맵시 있는 한옥 라이프스타일을 제안했다. 모던하고 간결한 현대 작가의 작품은 한옥 지붕 아래서 조상들의 마음씨와 몸짓과 자연스럽게 어우러졌다.

Title	〈생활 속의 아름다움 — 목공예〉展
Date	May 25 — Jun 30, 2005
Title	〈한옥 공간의 새로운 이야기〉展
Date	Sep 2 — Oct 8, 2008
Title	〈생활 속의 아름다움, 아름지기 가구: 절제美의 전통에서 실용을 찾다〉展
Date	Dec 21, 2011 — Jan 27, 2012
Title	〈소통하는 경계, 문門〉展
Date	Oct 8 — Nov 12, 2014
Title	〈해를 가리다〉展
Date	Sep 2 — Nov 10, 2017
Title	〈바닥, 디디어 오르다〉展
Date	Oct 16 — Dec 8, 2020

건축의 본질적 요소로 돌아가다

주住 전시는 2014년 〈소통하는 경계, 문門〉으로 변곡점을 맞았다. 건축의 본질적 요소를 조명하는 새로운 시도를 시작한 것이다. 항상 공간에서 가구와 소품을 살폈지만 한 걸음 더 나아가 건축의 기본 요소인 벽, 지붕, 바닥을 다루고자 문, 차양, 바닥 전시를 기획했다. 사실 기본과 본질이라는 말은 추상적이라 어느 범위까지 다루어야 하는지, 어디에서 멈춰야 하는지 헷갈리기 일쑤다. 그래서 건축가를 중심으로 참여 작가를 선정하고 가능하면 건축이라는 궤적을 벗어나지 않도록 노력했다. 전통문화연구소 온지음 집공방, 건축가, 디자이너, 조경 전문가 등은 직관과 통찰력을 최대한 활용해 관계없을 듯한 것들을 연결하고 과거에서 미래까지 이동했다. 상상력, 호기심, 신선한 질문이 더해지면서 자칫 엄숙하고 진지한 분위기로 이어질 수 있었던 전시가 흥미진진해졌다.

    문은 두 영역의 경계와 통로가 만나는 접점이다. 한옥에서 문은 공간을 완전히 격리하는 개념이 아니라, 자연과 일정한 간격을 두는 개념이다. 그러나 현대 건축에서는 문이 자연과 소통하는 창에서 완벽하게 차단하는 벽으로 변했다. 네임리스 건축은 이를 유연한 문으로 해석했다. 손가락에 침을 발라 창호지를 뚫고 안을 들여다보는 심리와 행동을 반영해 물렁물렁한 실리콘 소재 문을 만들었다. 사무소효자동은 혁명적 건축 요소인 바닥을 아파트 내 발코니에서 찾고, 자연, 바람, 채광을 즐길 수 있는 휴식처가 될 수 있다고 덧붙였다. 이처럼 뜻하지 않은 옛 건축의 발견과 참여 작가들의 무한한 상상력은 해를 거듭하면서 지금 사는 공간에 대한 의문을 던졌다. 사람들은 아파트에 살더라도 한옥의 정신적 여유를 즐기는 방법을 찾기 시작했다.

    2017년 〈해를 가리다〉에서는 통의동사옥 3층 데크에, 기록 사진에 등장하는 차일햇볕과 비를 차단하기 위한 가설 시설을 재현했다. 김홍도의 그림에서 발견한 해 가리개는 1인용 휴대용 그늘막으로 마당에 펼쳐졌다. 시원한 그늘이 드리운 전시장은 잠깐이라도 답답한 도심을 피할 수 있는 장소가 되었다. 누구나 찾아올 수 있는 열린 공간이었다. 그래서 건축물 구석구석 숨어 있는 이야기를 찾고 되새김질하는 주住 전시는 건축 전시가 아니다. 현대 건축 문화를 흔들고 우리의 삶을 바꾸는 전시라 할 수 있다.

〈생활 속의 아름다움 – 목공예〉展 2005
몇몇 소목장이 목공예의 명맥을 잇고 있지만 값싼 제품에 밀리면서 한국 공예의 가치도 잊히고 있다. 화려하거나 크게 드러나진 않지만 시간이 지날수록 쓸모를 발견하고 정을 느끼게 되는 목공예 전반을 더욱 인상적으로 보여주기 위해 안국동한옥을 전시 공간으로 활용했다.

〈한옥 공간의 새로운 이야기〉展 2008
현대적이고 맵시 있는 한옥 라이프스타일을 제안하고자 했다. 가구와 소품은 현대적 감각이 느껴지면서도 한옥과 잘 어우러지도록 했다. 한옥에는 고가구만 어울린다는 고정관념을 깨고, 입식 주방을 만들고 거실 옆 벽장 안에 TV를 감추는 등 실용적 아이디어를 반영했다.

PASS THE MAT 채우고 나누다

〈생활 속의 아름다움, 아름지기 가구:
절제美의 전통에서 실용을 찾다〉展 2011
외부 장소인 플라토 삼성미술관에서 열린 큰 규모의 전시였다. 전시장 안에 전통 한옥과 아파트 도면을 바탕으로 새로운 주거 공간을 만들었다. 총 10명의 디자이너는 작가, 건축가, 장인 등 다양한 분야의 전문가들과 협업해 전통의 미감과 정신을 담아 생활 공간의 스케일과 쓰임에 맞는 편리하고 실용적인 가구를 디자인했다.

〈소통하는 경계, 문門〉展 2014
한옥에서 문은 안과 밖을 연결하고 소통하는 경계였다. 이 전시에서는 옛 건축물의 문을 들여다보며 현대 건축을 생각하고자 했다. 시각적, 기능적 측면뿐 아니라 문의 본질적 개념을 탐구하는 것을 목표로 문과 사용자, 문과 건축 공간, 문과 주변 환경 사이의 관계에 주목했다. 전통 건축 전문가, 건축가, 디자이너 등이 문을 재해석했다. 통의동 사옥 외부 공간에 전통 문을 설치해 소통한다는 의미를 명확하게 전달했다.

PASS THE MAT 채우고 나누다

〈해를 가리다〉展 2017
야외에 천막, 차양, 장막 등이 세워지면 그곳으로 사람이 모인다. 그늘에 모여 함께 식사를 하거나 놀이를 즐긴다. 여전히 우리는 옛 시대와 크게 다르지 않은 방식으로 천막이나 차양을 치고 사람이 모일 수 있는 공간을 만든다. 사람이 머물고, 즐기고, 휴식을 취하는 공간을 만드는 본질적 행위를 탐구한 전시다.

© 고루비주얼

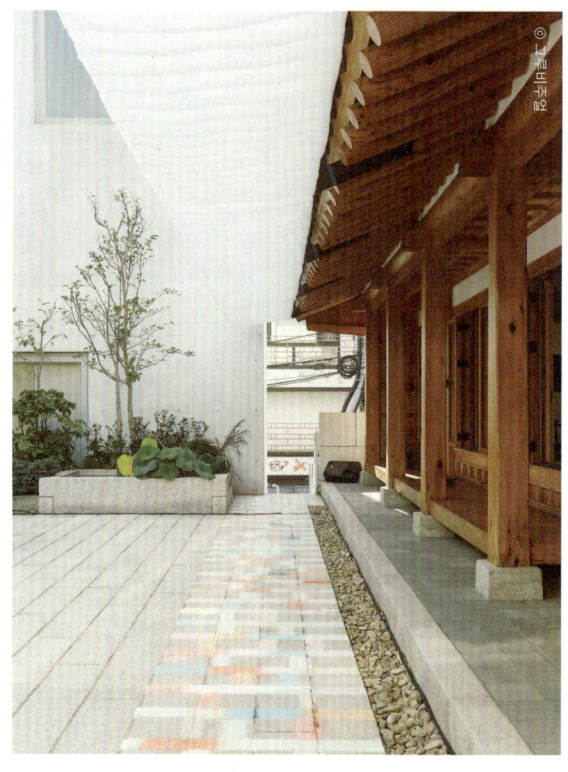

〈바닥, 디디어 오르다〉展 2020
바닥은 앉고 서고 눕는, 우리 몸과 가장 직접적으로 맞닿는 건축 요소다. 겨울용 온돌과 여름용 마루를 하나의 수평선 위에 둔 것은 건축적 혁명이다. 앉고 서고 눕고 또는 일하고 먹고 쉬는 모든 활동에 알맞게 재료, 형태, 높이 등을 세심하게 조절한 전통 바닥의 역사적 변천 과정을 살피고 바닥에 담긴 정서가 현대 생활에 어떻게 녹아들 수 있는지 감각적으로 느낄 수 있도록 기획했다.

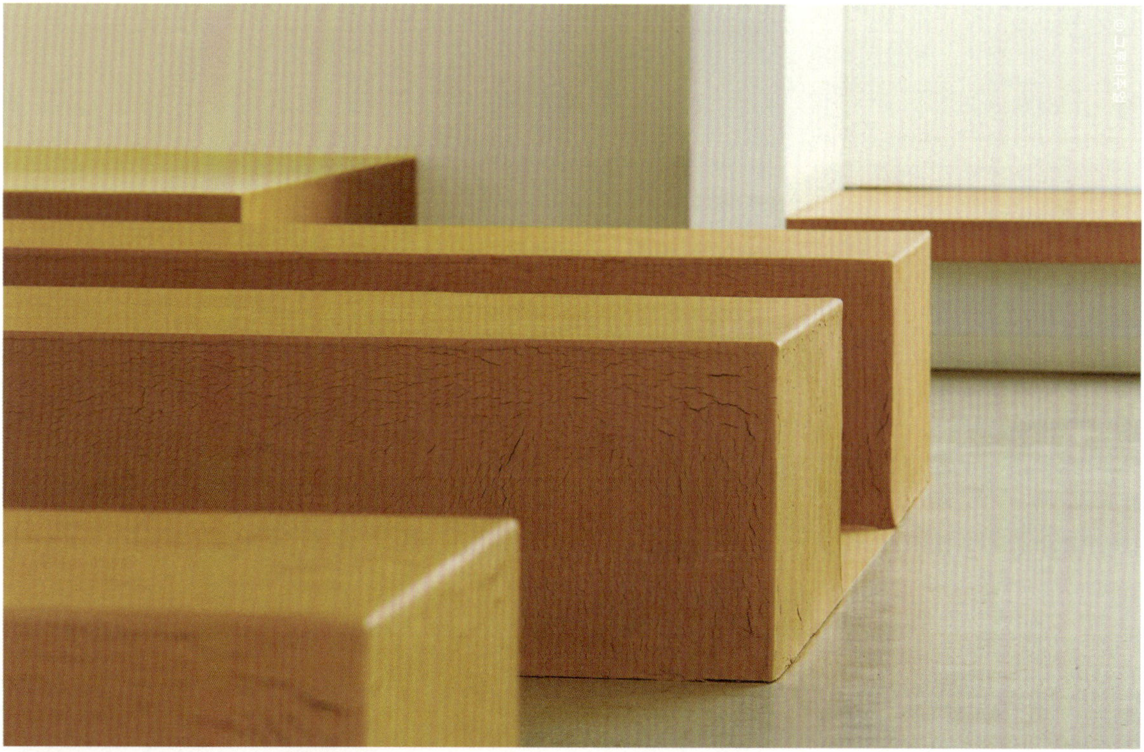
© 고루비주얼

내일의 유산을 함께 만들다

전통 건축을 제대로 알아가는 것부터

조상들은 집을 짓기 전 하늘, 자연, 사람이 함께 살 수 있는 땅부터 찾았다. 시대에 따라 살 수 있는 땅이 변하니 건축도 달라지고 그 시대에 어울리는 한옥의 모습도 달라진다. 그래서 미래의 한옥을 생각하는 일은 지금 우리가 살고 있고 집과 삶을 생각하는 일이다. 옳고 그름이 없다. 답을 찾기보다 방향을 찾고, 혼자 책상 앞에서 연구하기보다 밖으로 나와 사람들과 대화하고 토론하는 것이 좋다. 이에 따라 아름지기는 서울과 지방 곳곳의 한옥을 찾아다니는 한옥 연구 답사를 시작했다. 한옥에 사는 사람을 만나고 건축가와 함께 지금의 땅에 어울리는 한옥을 떠올렸다. 21세기 도시형 한옥의 가능성과 해법을 찾고자 했다. 한옥은 자체 구조뿐만 아니라 주변 환경과의 조화가 중요하다. 집 자체를 너머 길, 마을, 도시까지 살펴야 했고, 현대 건축 용어와 법규의 틀을 벗어날 필요가 있었다. 이와 함께 우리 문화유산 보존에 귀감이 될 만한 가치가 있고 시사성 있는 장소를 선정해 아름지기 회원들과 2004년부터 세계문화유산답사를 시작했다. 원형이 훼손되지 않고 관광지로 변형되지 않은 오지의 전통문화를 찾아 중국으로 향했고, 장인 활동이나 마을 만들기 활동의 본보기가 되는 장소를 둘러보기 위해 일본을 찾았다. 장소 선정은 관련 학계 전문가가 맡았다. 답사 기간 내내 그들과 함께하며 문화 강의를 듣고 공부했다. 세계 각지의 대자연에서 고건축, 생활 문화에 이르기까지 두루 살펴보면서 우리 문화유산에 빗대어 시사점을 찾아냄으로써 문화유산의 보존과 관리의 올바른 방법을 모색했다.

Project 1. 세계문화유산답사
2. 헤리티지 투모로우 프로젝트
Period 2004 — 2014 Project 1
2009 — 2016 Project 2

"공모전에 참가한 이들은 학생이었지만 오히려 그들이 저에게 질문을 던졌습니다.
그 덕에 '한옥이란 무엇인가'를 스스로 머릿속에 정리할 수 있었죠. …
이를 계기로 제가 할 수 있는 한옥과 다른 사람이 설계한 한옥, 그리고
예부터 전해오는 한옥이 모두 공존해야 한다는 생각을 가지게 되었습니다."

조병수건축연구소 대표 조병수 (《아름지기 소식지 2010》 봄호 中)

함께 공부하고 연구하는 프로젝트

2002년부터 진행한 교육 프로그램은 원형을 알고 변형을 시도하자는 의도로 시작되었다. 분야별 최고 전문가와 사업을 진행하면서 인연이 자연스럽게 교육 프로그램으로 이어졌다. 이런 배움의 시간은 사업 진행을 위해서도 중요했지만 아름지기가 더 먼 걸음을 내딛기 위해 필요한 일이었다. 회원들과 함께 강연, 답사 프로그램을 진행하면서 아름지기 활동을 다져갔다. 이런 가운데 젊은 건축가와 건축과 학생들이 전통 건축에 관심을 가지고 있지만 대학교 건축 수업이 서양·현대 건축 위주인 까닭에 전통 건축에 대한 지식이 현대 건축에 비해 많이 부족하다는 사실을 알게 되었고, 이들을 위한 교육 프로그램을 마련하게 되었다.

 이를 배경으로 2009년부터 시작한 헤리티지 투모로우 프로젝트는 21세기 도시형 한옥의 가능성과 해법을 모색하고 대중과 공유하는 기회의 장으로 함께 공부하고 연구하기 위한 프로젝트다. 건축 공모전 형식을 띠고 있지만 문화유산의 활용 방안에 대한 아이디어를 모으기보다 공모전을 매개로 좌담회와 세미나, 답사 등의 프로그램을 진행했다. 이런 과정을 통해 우리 문화유산 및 전통과 현대 건축에 대한 이해를 돕고 정보를 제공하는 교육의 장이 되고자 했다. 한옥이 현대 생활에서도 여전히 유효하게 활용될 수 있는 방안에 대한 연구의 장이며, 전통과 현대를 하나의 맥으로 이해하고 접근할 수 있는 이 시대의 건축을 고민하는 과정이었다. 수상자 상금 또한 많은 젊은 건축가들이 한옥에 호기심을 가지고 프로젝트에 매달리게 하는 동기 부여가 되었다. 누구 것이 좋고 누구 것이 나쁘다고 나눌 수 없었다. 공모전으로 모인 생각들은 단행본으로 묶여 또 굵직한 질문거리가 되었다. 1회 결과는 2회의 시작점으로 꼬리에 꼬리를 물면서 생각의 덩어리가 커졌고 2009년부터 2016년까지 총 6회에 걸쳐 진행했다. 한옥 지붕 아래 하나의 공동체로 모인 이들은 공모전을 진행하는 동안 국내외 저명 건축가들이 함께하는 세미나와 좌담회, 관련지 답사 프로그램에 참여하며 생각을 나누었다. 아름지기는 실제 한옥을 만드는 사람들을 찾아가 문답한 영상 인터뷰 〈당신의 한옥은 무엇입니까?〉를 제작해 참여자들과 나누었다. 서로 도움을 주고받으며 모은 지혜는 서로의 디딤돌이 되었고 참가자들은 빌딩 숲에 가려졌던 한옥과 한옥에서의 삶을 발견하기 시작했다.

 2009년 첫 번째 헤리티지 투모로우 프로젝트 〈이상의 집터에서 내일의 한옥을 생각한다〉는 이상의집 터를 대지로 제시해 서촌의 장소성과 역사성, 그리고 과거의 기억을 바탕으로 한옥과 우리 문화유산을 보존하는 새로운 방법을 생각해보고자 했다. 홈페이지를 통해 공개한 이 프로젝트에는 432팀 843명이 공모전 참가 신청을 했다. 이 중 최종 결과물을 제출한 143팀은 문인이자 예술가였던 이상이 살았던 공간을 통해 근대 문화·예술의 거점이었던 서촌이라는 장소성을 부각시키며, 이 지역의 개발 계획과 인근에 남겨진 한옥들의 미래를 가늠해볼 수 있는 다양한 아이디어를 제시했다. 우열을 가리기보다 한옥과 우리 문화유산에 대한 각자의 고민과 접근 방법을 공유하는 것에 의의를 두고 수상 팀 외에도 우수한 20팀의 작품을 추가로 선정해 그 모든 과정을 책으로 엮었다.

한옥에서 도시 정책으로

건축가들의 호응을 이끌었던 2009년에 이어 2010년부터는 주제를 더욱 확장했다. 2010년 〈한옥과 한옥사이: 정주를 위한 집과 길〉은 일정한 곳에 자리 잡고 산다는, 정주라는 개념이 사라진 오늘을 생각했다. 이는 한옥에서 볼 수 있는 집과 골목, 골목 안에서 마주한 이웃집과의 관계를 다시 생각하게 하는 일이었다. 2012년 〈기억의 장소 윤리의 건축〉는 인사동이란 지역으로 확장해 장소성에 대한 고민을 했고, 2013년 〈한옥의 경계, 이 시대의 집합도시 한옥〉은 단독주택, 다세대주택, 아파트 등 주거 형태가 혼재된 도시에 아직 남아 있는 한옥을 진단했다. 2014년 〈적은 차 나은 도시〉에서는 자동차를 줄이고 보행자 중심으로 재편되는 서울을 상상했는데, 기존 공모전 방식에서 벗어나 워크숍 제도를 도입한 것이 특별했다. 프로젝트는 여러 번의 만남과 토론을 통해 아이디어를 발전시켰다. 2015년 〈성곽마을 동네블록 — 새로운 삶의 풍경을 짓다〉는 2009년부터 점진적으로 발전한 주제인 한옥, 골목, 동네, 도시, 사회를 매듭처럼 묶은 공동체 의식을 다뤘다. 한양도성과 행촌동을 예시로 동네 블록이라는 새로운 개념을 제시했다.

    2016년까지 이어졌던 헤리티지 투모로우 프로젝트는 잠시 멈춰있지만 마침표는 찍지 않았다. 송률, 크리스티안 슈바이처Christian Schweizer, 이희원, 정은주, 전진홍, 최윤희, 윤선경 등 수상자를 포함해 공모에 응모했던 많은 이들이 현장에서 노련한 건축가로 활발하게 활동하고 있기 때문이다. 건축이 사회, 경제, 정치를 바꿀 수 없고 바꾸는 방법이 되어서도 안 되지만 이들의 상상과 모험은 변화를 만든다. 헤리티지 투모로우 프로젝트는 차세대 건축가들에게 내일의 한옥에 대한 화두를 던지고 더 많은 건축가와 예비 건축가들이 보다 깊이 있게 전통 건축을 고민하는 계기가 되었다. 건축은 그 자체로 시대의 변화에 적응해 새로운 모습으로 나타나기도 하겠지만 전문가들이 적극 시대 변화에 대처하는 건축을 제시하는 것도 중요하다. 앞으로 더 많은 건축가들이 우리 건축의 원형과 뿌리를 연구하고 그 지속 가능성에 대해 고민할 수 있는 기회를 만들어갈 것이다.

PASS THE MAT 채우고 나누다

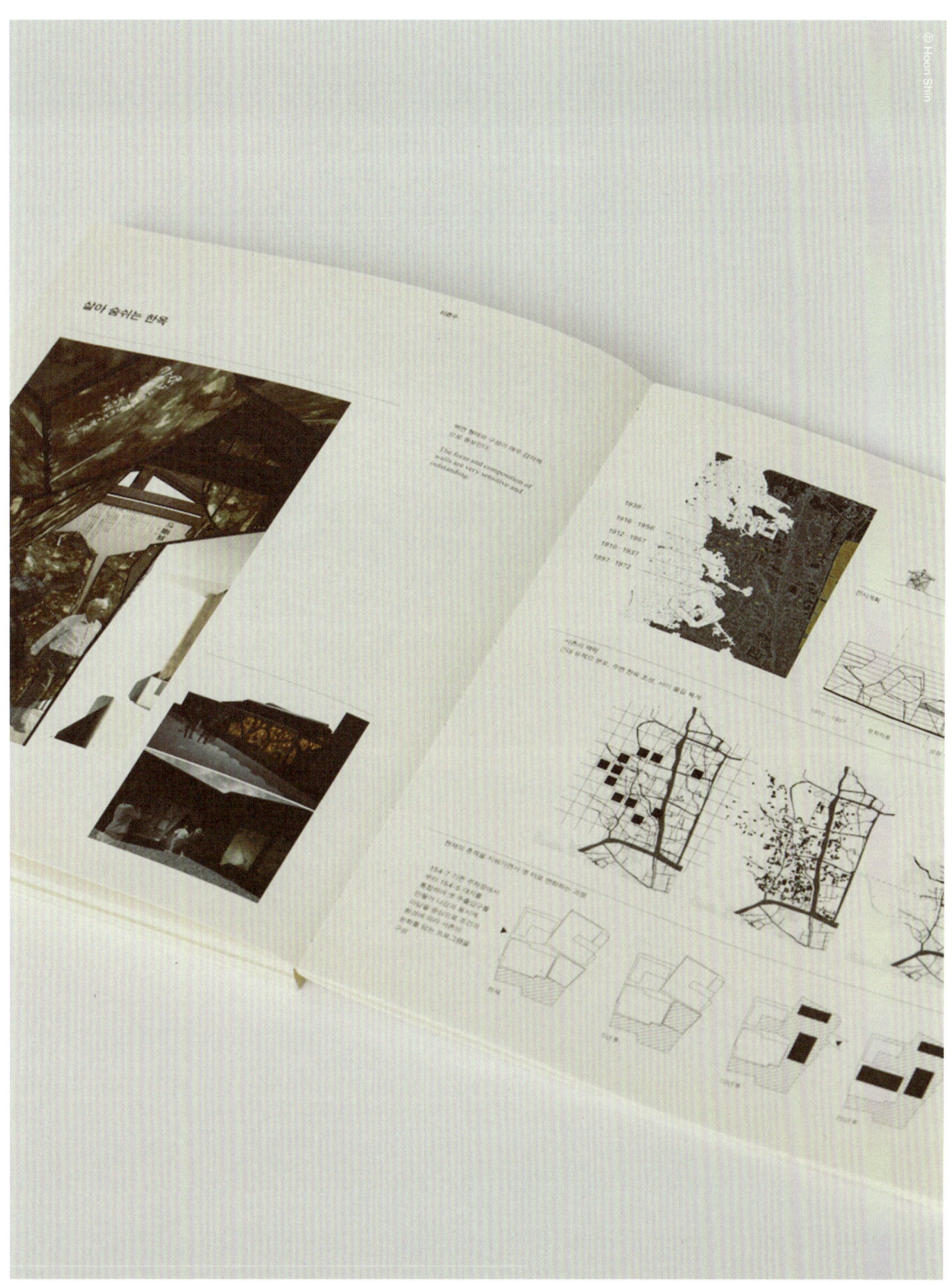

헤리티지 투모로우 프로젝트는 21세기 도심형 한옥의 가능성과 해법을 모색하고 대중과 공유하는 기회의 장으로 마련했다. 설계 공모전을 중심으로 세미나, 좌담회, 관련지 답사 등의 프로그램을 포함했다. 2009년부터 2016년까지 회를 거듭하면서 심사위원으로 선정한 건축가 주도 아래 주제가 발전하고 다양한 방식을 적용했다.

통의동사옥

통의동사옥

통의동사

INTERVIEW

과거와 현재, 전통과 변화, 보존과 활용을 연결하는 일의 중심에는 늘 사람이 있다.
변함없이 따뜻한 격려와 성원을 보내주는 아름지기 회원뿐만 아니라
전통문화의 창조적 계승을 위해 애쓰는 전통 장인, 현대 디자이너, 건축가, 예술가, 자문위원까지.
그리고 차분하게, 남모르게, 확실하게 일을 이끄는 아름지기 이사장 신연균이 있다.

인터뷰

INTERVIEW
WITH
YUN GYUN S. HONG

재단 설립 초기에 마을 주민, 현장 관계자 등 아름지기를 모르는 낯선 이들을 처음 만나 아름지기를 어떻게 설명했나요?

"저 아름지기에서 왔습니다" 이렇게 말씀드렸어요. "우리 전통문화를 사랑하고 가꾸고 싶어 하는 열린 마음의 사람들이 모여 아름지기라는 단체를 만들었습니다"라고요.

첫 공식 업무는 평택 원정리 느티나무 주변을 가꾸는 일이었습니다. 재단법인으로서 처음 진행한 일이기에 그 사연이 더 궁금합니다.

마을 어귀에 있는 큰 나무는 사실 그 마을의 커뮤니티 센터 역할을 해왔어요. 그런데 대부분 잘 관리되지 않았고, 그중 저희는 평택 원정리 마을의 느티나무를 눈여겨보게 되었습니다. 훼손이 심해 세심한 관리가 필요한 상태였어요. 그런데 저희가 그곳에서 몇 달에 걸쳐 프로젝트를 진행하는 동안 동네 주민들은 아무런 반응이 없었어요. 전혀 관심을 갖지 않는 느낌이었죠. 그래도 저희가 약속한 것이 있기에 묵묵히 그 일을 마쳤습니다. 해당 분야 최고 전문가와 함께 느티나무와 그 주변을 가꿔 본래 역할을 되살리고자 했어요. 그런데 일을 모두 마치자 마을 주민들이 저희에게 기념식을 하자고 제안했어요. 저희가 놀란 것은 주민들이 저희에게 전혀 관심이 없다고 생각했는데, 일이 진행되는 동안 저희의 모습과 태도를 세밀히 지켜보셨다는 것이었죠. 정자나무 밑에 마을 주민들이 모여 감사 인사를 하고, 문중 간의 갈등을 일으키지 않고 화합해나가겠다는 축문을 읽을 때는 저희 또한 마음이 뭉클해졌습니다.

초기에는 정자나무 주변을 가꾸거나 궁궐을 청소하는 등 화려한 것과는 거리가 있어 보이는 일이 주가 되었습니다. '아름지기 일'의 우선순위는 무엇이었을까요?

제가 대학교에 다닐 때만 해도 동네에 한옥이 있었고, 학부모 모임에 한복을 입고 오시는 어머니들도 계셨어요. 그런데 어느샌가 눈에 보이던 것이 보이지 않게 되면서 우리 전통문화가 점차 사라지는 것을 체감했죠. 다급한 마음이 생겼던 것 같아요. '지금이라도 뭔가 하지 않으면 우리 문화가 완전히 없어지겠구나.' 문화는 한번 없어지면 되돌릴 수 없으니까요. 아름지기를 시작할 즈음은 그런 절박한 심정이었기에 '근사한 일'을 따질 겨를이 없었습니다. 당장 필요한 일이 무엇인지를 찾고 우리 스스로 해나갈 수 있는 일부터 찾아야 했죠.

재단을 시작하기 전 아름지기의 방향에 대한 고민의 시간이 있었습니다.

창립 회원들과 함께 승합차를 타고 1년 정도 전국 곳곳을 찾아다닌 것 같아요. 많은 것을 보았어요. 정자가 관리되지 않는 것도, 돌담이 쓰러져가는 것도 안타까웠습니다. 그렇지만 궁, 사찰, 민가 같은 곳은 소유자가 있어 저희를 설명하고 저희가 하려는 일을 할 수 있게 설득하는 게 더 어려웠어요. 그래서 우리가 하고 싶은 일, 해야 할 일을 모두 적어보자고 생각했죠. 한번은 비교적 전통이 잘 보존된 마을이 있어 논의를 거쳐 같이 무언가를 해보려고 했는데 무산되었어요. 그때 오히려 이런 생각이 들었죠. '조급하게 생각하지 말자. 우리가 할 수 있고, 우리 손이 필요한 곳을 찾아보자.' 첫 번째 일을 그렇게 시작하게 된 것입니다.

> "가장 중요한 것은
> 우리 문화를 잘 느끼지 못하는
> 대중도 그 문화를 누릴 수 있게
> 하는 것이었습니다."

초기에는 주로 여성들이 모여 활동하다 보니 보이지 않는 불편함도 있었을 것 같습니다.

여성이라서 받은 불이익은 없었습니다. 그보다는 여러 사람이 무리로 가서 이야기를 하다 보니 놀라거나 의심하며 방어적인 자세를 취하는 경우가 많았어요. 또 얼마 못 가서 그만둘 것이라고 지레짐작하는 경우가 흔했죠. 당시 자녀를 둔 회원이 많았는데 엄마의 역할과 연관시켜 생각해보게 되었습니다. 아이가 밖에 나가서 다쳤거나 아플 때 누가 보듬어줄까. 씻기고 약 먹이고 밤새 돌보는 일은 자식에 대한 엄마의 깊은 사랑일 거예요. 우리 문화를 작은 것까지 챙겨 지키겠다고 한 건 바로 엄마의 마음이었던 것 같아요. 엄마는 자식이 당장 잘되기를 원하지 않아요. 꾸준히 열심히 사랑으로 키우다 보면 아이가 잘 자랄 거라고 믿을 뿐이죠.

지금도 궁궐 청소가 주요 업무 중 하나일 만큼 청소는 아름지기의 일에서 중요한 부분입니다. 청소를 한다는 것에는 어떤 의미가 있을까요?

청소라는 것은 첫 마음을 갖기 위해 정리하는 것입니다. 어떤 사람이나 물건을 처음 봤을 때 느낀 좋은 감정을 계속 유지하려면 먼저 마음과 주변을 정리하는 게 필요합니다. 많은 문화재가 상상할 수 없을 만큼 먼지에 둘러싸여 있었습니다. 먼지를 털고 닦아내면 비로소 본래 모습이 드러났어요. 청소를 하고 나면 그제야 장판이 썩은 것도, 도배가 필요한 것도, 기둥이나 서까래가 손상된 것도 보였습니다. 그렇기 때문에 청소는 한번만 해서는 안 되는 것이죠. 아름지기가 지속되는 한 청소는 끝까지 중요한 일이라고 말씀드릴 수 있습니다.

문화를 가꾸고 이어가는 재단으로서 문화를 어떻게 바라보는지 궁금합니다.

새로운 문화가 생기기도 하고 없어지기도 하고, 문화라는 것은 움직이는 것이에요. '문화는 이런 것이야'라고 고정할 수 없습니다. 언제나 그랬듯이 문화는 삶 속에서 계속 흐르고 있어요. 전통문화를 지킨다고 해서 지금의 서양 문화나 우리가 살고 있는 현대의 문화를 배척하는 것은 옳지 않죠. 동시대 사람들이 가장 매력을 느끼고 따라갈 수 있어야 해요. 웃고 있는 아기, 활활 타오르는 불꽃, 아름다운 꽃에는 사람들이 다가가기 마련이잖아요. 생기가 있기 때문이죠.

아름지기 활동이 또 다른 문화나 문화재가 되기 위해서는 무엇이 필요할까요?

선조들의 지혜와 기술 그리고 철학을 정성으로 담아내는 것은 꼭 필요합니다. 그런데 옛날 방식을 그대로 답습하는 것은 재현이지 문화를 만들어가는 것은 아니라고 생각해요. 저희가 기획전시를 통해 옛 방식을 찾아내려고 하는 것은 앞서 말씀드린 요소를 직접 체험하기 위해서예요. 그렇게 알게 된 것을 지금을 살고 있는 우리에게 쓸모 있고 사랑받게 하려면 많은 이들과의 연결을 통해 새로운 문화를 만들어가야 하는 것이고요. 그것이 저희가 이야기하는 전통의 창조적 계승이에요.

여러 지방자치단체와 함께하는 일이 많은데, 그런 방식을 택하는 이유가 궁금합니다.

전통문화 관련 일을 해야겠다 생각하고 외부에 밝혔을 때 많은 분이 동참 의사를 보내주셨어요. 그분들과 함께하고자 재단법인을 설립했고요. 그리고 이렇게 많은 분이 보여주신 열린 마음을 어떻게 하면 대중화할 수 있을까 고민했습니다. 그런데 우리 일이 대중화된다는 것이 꼭 회원이 늘고, 더 많은 일을 한다는 것을 뜻하지는 않아요. 가장 중요한 것은 우리 문화를 잘 느끼지 못하는 대중도 그 문화를 누릴 수 있게 하는 것이었습니다. 하지만 이렇게 하려면 우리 같은 작은 민간단체의 힘만으로는 한계가 있죠. 지방자치단체라는 것이 공공성을 띠고 많은 사람의 삶에 영향을 주는 곳인 만큼 지방자치단체와 함께 좋은 사례를 만들면 더 많은 사람이 그것을 누릴 수 있겠다는 생각을 했습니다. 그 밖에도 많은 분이 저희의 생각과 행동에 동참 의사를 밝히셨어요. 그래서 그분들에게 도움을 세 부분으로 나누어 요청드리게 되었어요. 재능이 많다면 재능 기부로, 시간 여유가 된다면 실제 동참으로, 재능이나 시간은 부족하지만 경제적 여유가 있다면 기금 지원으로 말이죠. 지방자치단체뿐 아니라 이런 분들이 함께 모여 아름지기를 만들어가고 있습니다.

'문화를 바꿔 사람의 생각을 바꾼다'는 말씀을 하십니다. 그 의미는 무엇일까요?

누군가의 생각을 바꾸려면 올바른 것을 직접 교육하는 방법이 있고, 또는 그것의 실제 사례를 직접 눈으로 보여주어 느끼게 하는 방법도 있죠. '이런 것이 전통문화이고 좋은 것'이라고 아무리 말해도 눈에 보이는 실체가 없다면 누군가는 '그것이 왜 좋은데?'라는 의문을 갖게 될 거예요. 저희가 한옥을 고쳐 전혀 다른 용도로 사용하는 것이 가능하다는 것을 보여주었죠. 아주 작은 것이라도 직접 보여주면 사람들은 그제야 '이렇게 한다는 거였구나', '이렇게 될 수 있구나' 합니다. 우리 전통도 좋다는 생각이 들면 다음에는 그 안에서 더 많은 콘텐츠를 발견하게 되고, '나도 다른 것을 만들어볼 수 있겠구나' 하는 식으로 생각을 이어나가게 될 것이라고 생각해요.

2004년부터 매년 진행하는 기획전시는 어떤 메시지를 전하고자 하는 것일까요?

아름지기는 기획전시를 통해 우리가 놓치고 있는 선조의 기술을 되살려보고자 했습니다. 과거의 방식을 완벽하게 재현해보면 그 안에서 특별한 기술과 미감을 발견하게 됩니다. 더 나아가 청자, 백자가 좋았다면 지금을 사는 우리는 무엇을 만들어야 하는가. 예컨대 현대사회에는 커피 문화가 대중화되었는데, 우리에게는 차 문화가 있었으니 요즘에 맞게 차를 즐길 수 있는 방법은 없을까? 한국 음식이 글로벌화하고 있는데 이를 꼭 와인과 먹어야 할까? 우리의 좋은 술과 함께할 수 없을까? 과거로부터 배운 지혜를 지금 우리의 생활 문화로 끌어들일 수 있는 방법에 대한 고민을 담고자 한 것이죠. 또 의식주로 주제를 구분한 계기가 있는데요. 안국동한옥을 사무실로 사용할 수 있음을 보여주자 정말 많은 분이 아름지기를 방문했습니다. 한옥 개조에 대한 문의가 너무 많아져 당시 한옥 사무실은 한옥 관련 상담을 위한 공간으로만 쓰고, 저희는 다른 곳으로 사무 공간을 옮기게 되었어요. 그런데 그렇게 1년이 지나고 나서 생기가 돌던 한옥의 기운이 빠지는 것을 느꼈습니다. '겉만 남아서는 안 되겠구나, 그 안에서 끝없는 행위가 이루어져야 하는구나'라는 생각이 들었습니다. 그 행위란 결국 삶이고, 그렇게 의식주를 테마로 기획전시를 하게 된 것입니다.

기획전시는 우리 문화의 아름다움 또한 표현하고 있습니다.

우리 문화의 아름다움에는 자연미, 절제미, 격조미가 있고 그것이 정성이라는 마음과 어우러질 때 겉으로 드러난다고 생각합니다. 자연미는 과장되거나 경직되지 않고 편안하다는 뜻이에요. 그 안에는 여유로움이 담겨 있습니다. 절제미는 선조의 생활 태도로부터 발견됩니다. 불필요한 화려함을 지양함으로써 그것의 쓰임새를 배려하고, 또 그것을 바라보는 상대방의 마음도 배려하는 것이죠. 이러한 자연미와 절제미가 만나 아무나 넘볼 수 없는 격조를 만들어냅니다. 모두 사물을 대하는 정성을 통해 완성되고, 아름지기는 그 미학을 우리의 아름다움이라 생각하는 것이죠.

아름지기의 활동을 계속해 나아가기 위해 가장 경계해야 할 것이 있다면 무엇일까요?

뻔한 대답일 수 있지만 매너리즘에 빠지지 않는 것이라고 생각해요. 저희가 해온 일을 많은 분이 좋아하고 응원해주셨어요. 그렇지만 그 방법이 다 옳고 계속 그렇게 해야 한다고는 생각하지 않아요. 끊임없이 문제를 찾고 해결 방법을 고민해야 한다고 봅니다.

여러 경험을 통해 깨달은 삶의 이치가 있을까요?

자연스럽게 살아야겠다는 생각을 많이 하게 됩니다. 한번은 해인사로부터 신행 문화 도량 2002년 공모한 해인사의 새 도량을 함께 만들자는 제안을 받고 3년 동안 매주 해인사 스님들을 모시고 그에 관한 회의를 한 적이 있었어요. 그러나 일은 성사되지 못했습니다. 당시 실망이 컸죠. 그렇게 많은 전문가와 함께 노력했는데 물거품이 되었으니까요. 그런데 준비하는 과정에서 얻은 경험과 지식이 수년 뒤에 다른 일과 장소에서 발현되는 것을 느꼈어요. 지금 당장 하는 일이 작거나 잘 안되었다고 해서 부정적으로만 생각할 게 아니라는 점을 배웠죠. 아름지기를 시작하기 전, 하고 싶은 일을 적어 내려갔는데, 돌이켜보면 과정은 힘들었지만 그때 적었던 일 상당수를 이룬 것 같아요. 물길이 나뉘고 다시 모여 흘러가듯 삶도 그렇게 흘러가는 것 같습니다.

지난 20년간 우리 문화를 드러내고 가꾸고 사람들과 나누어왔습니다. 앞으로의 20년은 어떤 지점에 방점을 두고 있나요?

지난 20년간의 활동은 우리가 전통문화를 이해하고 확신을 갖기 위한 확인 과정이었다고 생각해요. 앞으로의 20년은 어떻게 그것을 지속 가능하게 만들어 많은 사람에게 확산시킬지가 과제입니다. 자연스럽게 우리의 생활과 삶 속으로 들어갈 수 있는 방법을 찾으려고 합니다.

아름지기가 하려는 다음 일은 무엇일까요?

우리 문화가 조금 더 세계로 알려지길 원해요. 앞으로는 세계인의 취향이 '자연스러움'을 향하게 될 것이라고 생각합니다. 아름지기가 그런 부분에서 무엇인가를 제안할 수 있다면 분명 동시대 사람들의 관심을 끌게 될 것이라고 믿어요. 그렇게 아름지기 또한 자연스럽게 세계와 만나게 될 것이고요. 그날이 곧 왔으면 좋겠습니다.

> "앞으로는
> 세계인의 취향이
> '자연스러움'을
> 향하게 될 것입니다."

PASS
THE BATON

새로운 인연이 생기고 더 넓은 자리가 만들어졌다. 우리 문화의 가치를 세계로,
미래로 전하고 싶다는 열망과 다짐이 생겼다. 주장보다 공감으로, 설명보다 감동으로 다가서는 조용한 움직임.
아름다운 문화유산을 가꾸는 일에는 언어나 문화 장벽이 없다.

퍼지다

PASS
THE BATON

LONDON

원형과 변형을 넘나들며

2011년 영국 런던 한국문화원에서 열린 전시 〈Baeja, the Beauty of Korea〉에는 영국 왕실 관계자를 비롯해 빅토리아 앤 앨버트 뮤지엄 Victoria and Albert Museum 관장 마크 존스 Mark Jones 등 150여 명의 귀빈이 참석해 자리를 빛냈다. 배자는 일반적으로 앞여밈이 트여 있고 소매가 없거나 짧으며 저고리나 포袍 위에 덧입는 의상을 말한다. 소재와 색감에 따라 다른 멋이 나고 어떤 옷에 믹스 매치하느냐에 따라 품격과 파격을 넘나든다. 요즘 옷과도 잘 어울린다. 이렇듯 과거와 현재, 전통과 현대를 넘나드는 배자를 첫 번째 해외 전시 주제로 정했다. 우리의 품격미와 실용성을 바탕으로 2,000년의 기나긴 역사 속에서 다양한 개성으로 발전해온 배자는 현대인의 의생활에 유연하게 적용할 수 있는 풍부한 미감을 갖췄다. 간결하면서도 비례감 있는 디자인, 다채로운 색감이 주는 배색의 멋, 다양한 소재에서 느껴지는 조화의 멋은 전통적인 배자가 현시대에도 통용될 수 있는 너무도 매력적인 요소다.

2007년 의ᄎᆞ 전시 〈우리 옷, 배자〉에 추가해 진태옥 디자이너와 차세대 젊은 디자이너가 재해석한 다양한 배자 작품을 소개했다. 블랙 & 화이트 배자, 벨벳과 비즈 장식 배자, 신윤복 그림을 프린트한 배자 등 진태옥 디자이너의 작품은 여성적이면서 남성적이고, 서로 다른 물성이 배자 안에서 어우러졌다 헤어지기를 반복했다. 젊은 디자이너들은 형태, 색채, 무늬, 소재 등에 숨은 전통 배자의 미적 가치를 찾아내 각자의 스타일로 풀었다. 사람들은 그동안 몰랐던 전통 배자의 종류뿐만 아니라

Title 영국 런던 한국문화원
〈Baeja, the Beauty of Korea〉展
Date Jun 11 — Jun 21, 2011

Title 영국 런던 크래프트 위크
〈Craft Narrative: Beauty in Everyday Living〉展
Date May 3 — May 7, 2017

인고의 시간이 한 땀 한 땀 배어드는 정교한 봉제 기법을 확인했다. 런던대학교 동양·아프리카학 스쿨 SOAS 명예교수인 로데릭 위트필드 Roderick Whitfield는 "중국에도 유사한 복장이 있지만 형태와 색감이 크게 다르며, 한국 고유의 조끼가 훨씬 더 현대적 디자인 감각에 어울린다"라고 평가했다. 릴레이 경기에서 다음 주자에게 바통 baton을 넘기듯 이 전시는 영국 정부 기관과 지속적인 협력을 이끌었고 새로운 민간단체와 인연을 맺는 계기가 되었다.

런던 크래프트 위크 London Craft Week 창립자 가이 샐터 Guy Salter도 한국을 방문해 식食문화 전시를 찾았다. 인상적인 전시였다고 평을 남긴 후 런던으로 돌아간 그는 런던 크래프트 위크 초대장을 보냈다. 런던 크래프트 위크는 창의적이고 장인 정신이 깃든 공예 작품을 선보이는 국제 행사다. 2017년 한영 상호교류의 해를 맞아 식문화를 중심으로 공예 정신과 미감을 연구한 결과를 압축한 전시 〈Craft Narrative: Beauty in Everyday Living〉으로 참여했다. 빅토리아 앤 앨버트 뮤지엄 맞은편, 런더너들이 북적이는 갤러리에 총 38명 작가의 작품 67점이 놓였다. 전시는 세 가지로 구성했다. 2015년 〈맑은 술 안주 하나〉에서 선보였던 술과 안주를 담아낸 도예가의 작품, 2012년 〈끽다락: 차와 하나되는 즐거움〉에서 보여준 일상생활에서 차를 즐기는 새로운 방식, 2009년 〈행복한 새참, 도시락〉에서 선보인 맛있고 멋있는 도시락 문화를 풀어냈다. 더불어 깊이 있는 향기를 풍기는 진피차, 잣가루를 솔솔 뿌린 약과, 진한 유자 향의 잣박산 등 정갈한 다과를 준비하고 국내 전시 때처럼 함께 나누고 즐기는 시간을 가졌다. 외국인들이 연신 만드는 방법을 물어봤는데, 이는 영어판 한식 조리서의 필요성으로 이어졌다. 전시장을 찾은 영국 공예청장 로시 그린리스 Rosy Greenlees는 "전통과 현대가 조우해 만들어낸 놀랍도록 새로운 작품들"이란 평을 남겼다.

PASS THE BATON 퍼지다

Exhibition of Aumjigi
Baeja, the Beauty of Korea
Korean Cultural Centre UK, 11 June to 21 June 2011

"런던에서 열리는 이 전시가 한국의 아름다운 배자를 세상에 널리 알리고,
나아가 배자의 현대화 작업을 통해 누구나 손쉽게 배자를 입을 수 있는 계기를
마련했으면 하는 바람입니다. … 이 전시가 우리 것을 다시 고민해보는 계기를
제공하고 한국 복식사와 오늘날의 패션 디자인이 함께
지향해야 할 방향을 점검할 수 있는 기회가 되기를 바랍니다."

가천대학교 석좌교수 조효숙 《Baeja, the Beauty of Korea》展 도록 中)

PASS THE BATON 퍼지다

PASS THE BATON 퍼지다

PASS THE BATON 퍼지다

PASS THE BATON 퍼지다

SAN FRANCISCO

오늘의 옷, 한복

세계 속의 한국과 한국 속의 세계를 함께 보여주는 일은 창의적 발상, 감동과 놀라움, 누구나 함께할 수 있는 공감대, 어느 전시에서도 볼 수 없는 새로운 시도가 결합되어야 한다. 2014년 한국을 방문한 미국 샌프란시스코 아시아미술관 관장 제이 슈$^{Jay\ Xu}$는 세 차례 아름지기의 기획전시를 관람한 후 '역사와 전통을 통해 미래를 지향한다'는 면에서 공통점이 있다며 전시 공동기획을 제안했다. 2017년 〈Couture Korea 우리의 옷, 한복〉 전시는 미국 주요 미술관에서 처음으로 열리는 한복 패션 전시이자 조선 시대 궁중 의상에서부터 파리 런웨이 의상까지 선보이는 전시라는 점에서 자못 특별했다. 점차 사라져가는 한복이 아니라 여전히 곁에 남아 있는 우리 옷을 다뤘기 때문이다. 전적으로 수작업으로 이뤄지는 오트 쿠튀르$^{haute\ couture}$를 보여주는 기회이기도 했다. 아름지기는 단순히 옷이 아닌 한국미를 경험할 수 있는 전시가 되도록 했다. 여러 프로젝트와 기획전시를 통해 깨달은 자연미, 절제미, 상징미, 품격미, 파격미를 두루 살필 수 있는 구성으로 진행했다.

전통 부문은 지난 10여 년간 진행한 의^{衣} 문화 연구를 통해 제작한 의상으로 채웠으며 특히 조선 시대 복식에 무게를 두었다. 현대적 활용을 고려해 오늘날 착용하기에 편리한 구성, 제작 기법을 응용해 재현하고, 보이는 모양새가 아니라 숨어 있는 철학적 의미를 드러내고자 했다. 유리 너머로 두 팔을 활짝 펼친, 넓은 소매와 곧은 깃이 선명히 보이는

Title 미국 샌프란시스코 아시아미술관 공동기획 해외특별전 〈Couture Korea 우리의 옷, 한복〉展
Date Nov 3, 2017 — Feb 4, 2018

영조의 도포가 한 폭의 추상화처럼 걸려 있다. 하늘로 날아오를 듯한 부드러운 곡선과 뭐든지 감쌀 수 있을 듯한 편안한 면이 서로 밀고 당기듯 움직이는 것 같다. 색채도 마찬가지다. 절제되어 있지만 생동하는 느낌이 시선을 붙잡는다. 영조의 도포는 유일하게 남아 있는 유물로 복식 역사에 가치가 크다. 전시에는 두루마기 심의深衣, 가죽옷 구의裘衣, 조선 시대 여성의 7겹 속옷, 겉옷 위에 입는 배자, 돌잔치용 색동 한복 등 다양한 종류의 한복이 등장했다. 언뜻 어울리지 않을 것 같은 샤넬의 칼 라거펠트Karl Lagerfeld와 한국 패션계의 거장 진태옥은 한복 속에서 어울리고 섞였다. 칼 라거펠트는 한국의 보자기와 자개 문양에서 영감을 받아 완성한 크루즈 룩을 선보였고, 진태옥은 조선 시대 가장 화려한 의복이라 할 수 있는 궁중 예복인 활옷을 응용한 작품을 소개했다. 마지막은 젊은 디자이너들의 작품으로 채웠다. 현대 디자이너 임선옥, 정미선은 네오프렌, 니트 같은 소재를 사용해 일상복을 만들었다. 차분하지만 역동적이고, 따뜻하지만 진보적이며, 유연하지만 강한 한국 여성을 위한 옷은 외국인뿐만 아니라 한국인에게도 신선했다. 지난 몇 년간 한복의 현대화·세계화를 위해서 지속적으로 연구하고 토론한 결과가 이루어낸 반전 넘치는 옷이었다. 전시가 열리는 3개월 내내 외국 언론도 줄곧 주목했다. 영국의 유명 패션 칼럼리스트 수지 멩키스Suzy Menkes는 《보그》 영국판 온라인 기사로 전시를 자세히 소개했는데, "K-팝, 강남 스타일, 서울 패션 위크 때보다 한국 패션에 대해 더 넓은 시각을 갖게 해주었다. 현대적 방식 안에 남녀 의복 스타일이 서로 융합된 것 같았다"라고 적었다. 전통이 현대로 이어지는 놀라운 젠더리스 감각을 언급한 것이다.

PASS THE BATON 퍼지다

PASS THE BATON 퍼지다

PASS THE BATON 퍼지다

PASS THE BATON 퍼지다

PITTSBURGH

씨앗이자 희망을 담은 한국실

기획전시를 바탕으로 한 아름지기의 조용하면서 묵직한 활동은 생각보다 많은 세계인들에게 울림을 주었다. 이 중에는 피츠버그대학교 국가관 한국실 건립을 추진하던 피츠버그 교민들도 있었다. 2008년 그들은 한국실 건립 사업을 요청했다. 피츠버그의 한국 교민으로 구성된 한국실 위원회는 피츠버그대학교 내 국가관을 설립하려면 해당 민족이 기금을 모으고 전통 건축 디자인을 반영해 본국 출신 전문가가 주도해야 한다는 원칙에 따라 아름지기를 찾았다. 1930년대부터 진행하고 있는 국가관 탄생 배경을 듣자마자 우리가 해야 할 일이라는 확신이 들었다. 철강 도시 피츠버그에 노동 이민자가 많아 당시 피츠버그대학교 총장이 다문화 갈등을 해소하고 각 민족의 정체성을 살려주고자 배움의 전당을 기획했으나 대공황이 닥치자 공사 중단 위기에 처했다. 총장은 이민 사회를 설득했다. 고단하게 살아가는 이주 노동자들이었지만 자식을 위하는 마음으로 십시일반 기부금을 냈고 덕분에 다시 공사를 시작할 수 있었다. 국가관 한국실 프로젝트는 자손들에게 전하고 싶은 씨앗이자 자손들이 자신보다 더욱 다양한 지식과 지혜를 얻어 성공하기를 바라는 희망이 담겨 있다.

2009년 봄부터 한국실 건립 사업을 본격적으로 시작했다. 아름지기가 프로젝트 매니저로서 공간 콘셉트 설정, 건축가 선정, 디자인 조율, 콘텐츠 기획과 조율, 공사 및 감리, 기금 모금까지 전 과정에 참여했다. 아름지기의 첫 해외 프로젝트이자 민간 협력 사례였다.

Title 피츠버그대학교 국가관 한국실 건립
Date 2009 — 2015

국내 프로젝트보다 더욱 조심스럽게 조바심 내지 않고 돌다리도 두드려보면서 매년 조금씩 보폭을 늘이는 쪽을 택했다. 없으면 없는 대로 융통성 운운하며 문제를 해결하려 하지 않았다. 일부러 더 원형과 원칙을 지키려고 고집했다. 지난 50년간 이 프로젝트를 총괄 지휘해온 디렉터 고故 맥신 브룬스Maxine Bruhns 여사는 서두르지 말고 진지하게 고민하고 현대 감각보다 한국인의 전통과 정신이 충분히 표현되도록 노력해달라고 당부했다. 한 나라의 문화는 민족을 대표하는 공간을 재현한다고 전달되는 것이 아니다. 여러 가지 산물을 만지고 느끼고 볼 수 있도록 해야 한다. 가능하면 눈에 드러나지 않는 방식으로 퍼트려서 자신도 모르게 익숙해지게 하는 것이다.

2009년 민현식, 김봉렬 교수와 함께 현장 답사를 한 후 두 달간 깊이 고민한 건축사사무소 협동원 대표 이민아는 한국 전통 공간을 보여줄 수 있는 전시장으로 기능하면서 학생들이 사용할 수 있는 강의실로 실용적인 요소까지 갖춰야 한다는 점을 강조해 병산서원의 입교당을 예시로 제안했다. 드러내고 치장하기보다는 우리 건축 구조를 그대로 보여주고 실내에서 창밖 풍경으로 이어지는 구조를 재현하고자 했다. 검소하지만 누추하지 않고, 화려하지만 사치스럽지 않은 한국 선비 정신을 담자는 뜻이 보태졌다. 이에 따라 조선 시대 성균관 유생들의 강의실로 사용한 명륜당을 모티브로 '집 속의 집'을 짓기로 했다. 명륜당이란 문패를 달고 있는 한옥 대문을 열면 20평(약 66㎡) 규모의 내부 공간이 등장한다. 2개의 기둥이 3개의 방을 나누며 상징적인 경계를 이룬다. 가운데 방은 천장이 높고 길다. 안에서 창문으로 밖을 내다보는 차경借景 미학도 구현했다. 천장까지 들어 올려진 문 너머 마루가 있고 푸른 나뭇가지가 넘실거린다. 고정된 그림이나 장식품이 아닌, 사계절이 변화하는 아름다운 자연을 마음에 품고 느낄 수 있다. 강의실로 사용하는 곳인 만큼 좌식보다 입식 구성이 적합했고, 수백 년 넘게 사용할 수 있는 전통 기반의 입식 책걸상을 만들어야 했다. 하지훈 작가가 목가구처럼 보이는 금속 책걸상, 교수 책상, 독경대 등을 만들었다. 이영호 작가의 문방구 작품과 효명세자의 성균관 입학식을 기록한 〈왕세자입학도〉, 세종대왕의 훈민정음 창제 원리를 알기 쉽게 표현한 그래픽 디자이너 안상수의 타이포그래피 작품을 함께 배치했다. 특히 〈왕세자입학도〉는 명륜당의 실제 모습이 그려져 있어 한국실의 개념을 전달하는 데 특별한 의미가 있다.

2014년 목재를 구입해 건조하고 치목하는 작업이 강원도 도계 작업장에서 시작되었다. 2015년 초에는 목재와 천장 장식품 등을 컨테이너에 실어 미국으로 보냈다. 나무 특성상 온도와 습도에 민감한데 미국에 도착한 목재 일부가 손상되어 급히 자재를 구하는 일도 생겼다. 대목수와 보조 인력까지 반년 가까이 미국에 상주하며 집을 짓고 개관 하루 전까지 보수와 수리를 거듭했다. 7년의 긴 여정을 거쳐 2015년 11월 15일 개관한 한국실은 세계인을 위한 공간이 되었다.

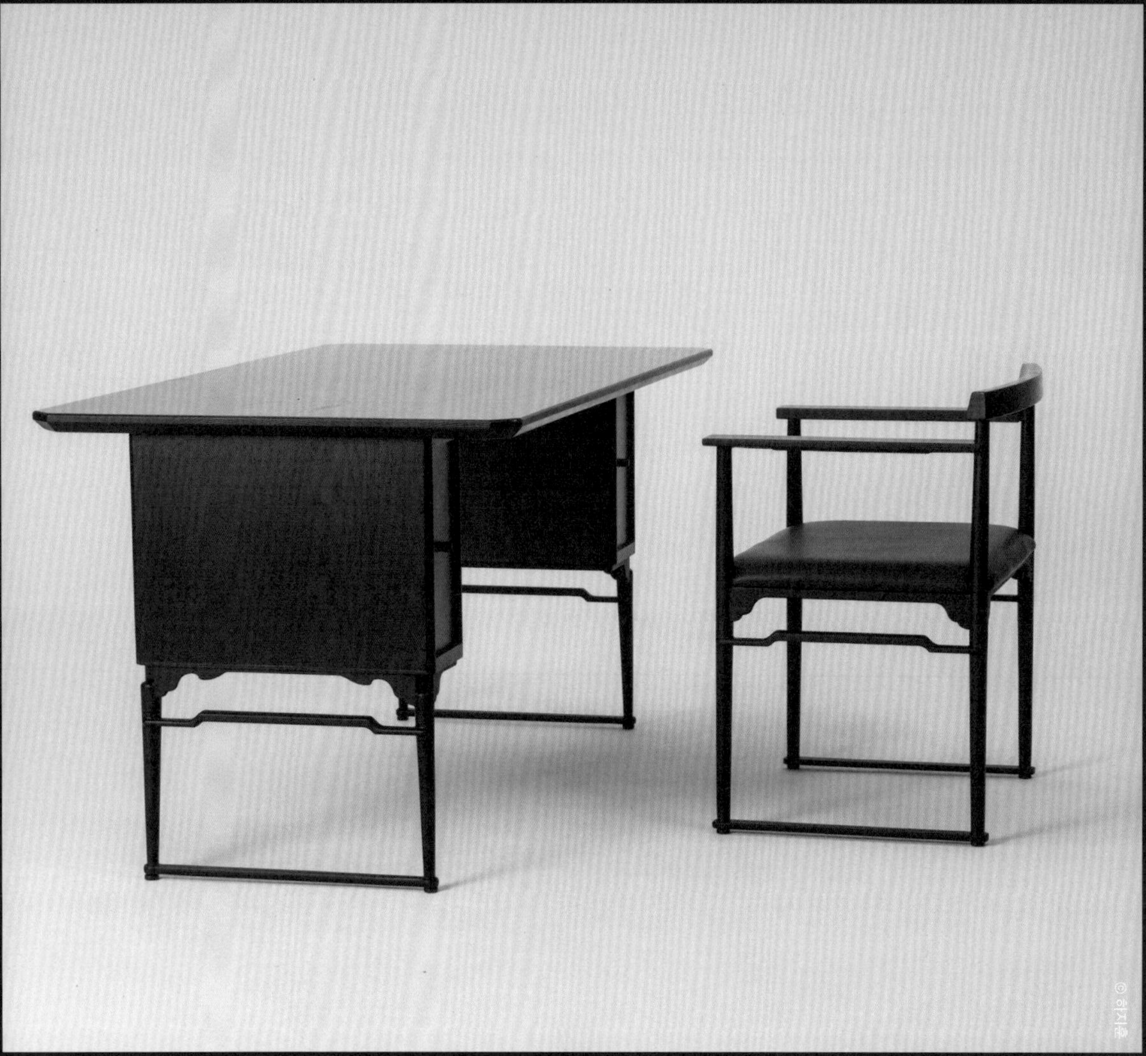

© 하지훈

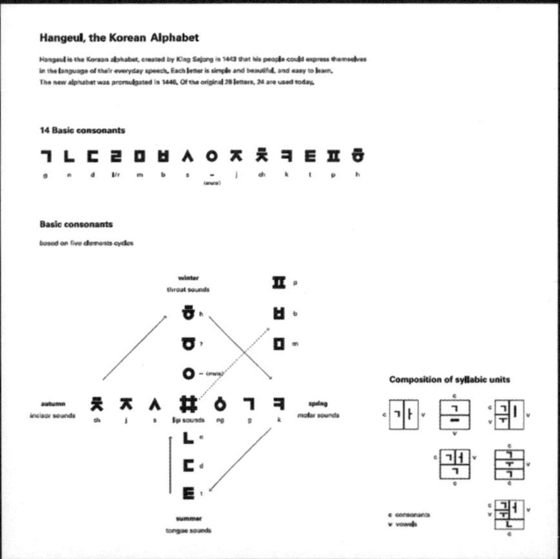

Hangeul, the Korean Alphabet
Hangeul is the Korean alphabet, created by King Sejong in 1443 that his people could express themselves in the language of their everyday speech. Each letter is simple and beautiful, and easy to learn.
The new alphabet was promulgated in 1446. Of the original 28 letters, 24 are used today.
14 Basic consonants
ㄱ ㄴ ㄷ ㄹ ㅁ ㅂ ㅅ ㅇ ㅈ ㅊ ㅋ ㅌ ㅍ ㅎ
g n d l/r m b s – j ch k t p h
(mute)
Basic consonants
based on five elements cycles
winter
throat sounds
autumn
incisor sounds
lip sounds
spring
molar sounds
summer
tongue sounds
Composition of syllabic units
c consonants
v vowels

10 Basic vowels
ㅏ ㅑ ㅓ ㅕ ㅗ ㅛ ㅜ ㅠ ㅡ ㅣ
a ya eo yeo o yo u yu eu i
11 Compound vowels
ㅐ ㅔ ㅒ ㅖ ㅘ ㅙ ㅝ ㅞ ㅚ ㅟ ㅢ
ae e yae ye wa wae wo we oe wi ui
Each is a compound of two of 10 basic vowels.
Vowels
harmony of yin & yang
positive vowels
neutral vowels
negative vowels

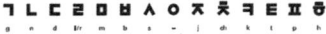

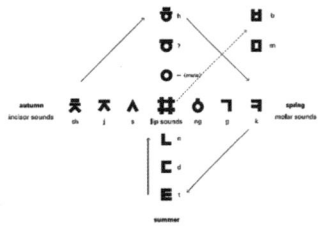

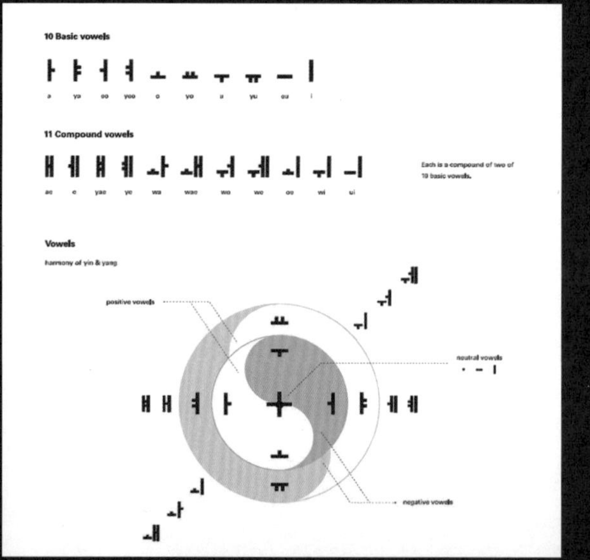

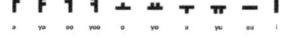

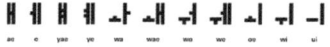

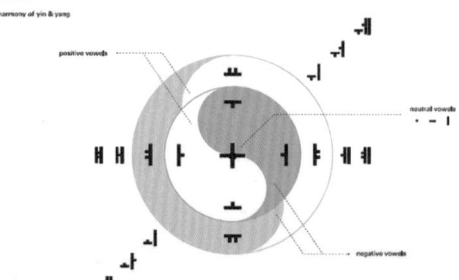

2001—2021
ARCHIVE OF ARUMJIGI

TIME LINE

2001　2002　2003　2004　2005　2006　2007

문화유산 환경개선

정자나무 주변 환경 가꾸기
- 정자나무 주변 환경 가꾸기

궁궐 환경 가꾸기
- 궁궐 청소(창덕궁, 종묘, 덕수궁)
- 창덕궁 연경당 내부 수리사업
- 창덕궁 낙선재 조경 정비사업
- 창덕궁 가정당 회의공간 조성사업
- 창덕궁 희정당 및 대조전 일원 관람환경 개선사업

공공디자인 개발
- 종로구 간판 디자인 개선사업
- 서울 5대 궁궐 안내 시스템 개발 및 안내판 디자인 개선사업
- 해인사 안내판 디자인 개선사업
- 하회, 양동마을 안내판 디자인 개선사업
- 제주도 천지연 일대 안내판 개선 시범사업
- 서울 문묘와 성균관 안내판 개선사업
- 한양도성 안내판 개선 시범사업
- 제주도 주상절리대 공공디자인 개선사업

역사문화공간 조성 및 운영
- 안국동한옥
- 해인사 신행 문화 도량 건립
- 함양한옥
- 이상의집
- 피츠버그대학교 국가관 한국실 건립
- 통의동사옥
- 한양도성 혜화동 전시·안내 센터(구 시장공관)
- 함안고택
- 서울시 역사가옥(홍선익가옥, 배렴가옥) 민간위탁운영

궁궐 집기 재현 사업
- 〈덕수궁 프로젝트〉 침전 집기 재현
- 덕수궁 함녕전 집기 재현 사업
- 덕수궁 즉조당 집기 재현 사업

문화예술 콘텐츠 기획 및 개발

기획전시, 해외전시
- 아름지기 기획전시
- 〈Beaja, the Beauty of Korea〉展 영국 런던
- 〈KOREA Power, Design and identity〉展 독일 프랑크푸르트
- 〈COUTURE KOREA 우리옷, 한복〉展 미국 샌프란시스코

대외 협력 사업
- 2010 공공디자인 엑스포, 재단법인 아름지기 기획전시관
- 공예트렌드페어
- 〈2011 한복 페스티벌: 한복, 근대를 거닐다〉 전시콘텐츠 개발
- 〈시민청 동행 프로젝트: 작고 뜻깊은 결혼식 함께 만들기〉 기획 및 연출
- 아시아 공예디자인 프로젝트
- 페스티벌 오원
- 서울미래유산 기획 홍보
- 한불 수교 130주년 기념 한국특별전 패션 부문〈Korea Now!〉展
- 구글 아트 앤 컬처 〈우리는 문화를 입는다〈We Wear Culture〉〉展
- 런던 크래프트 위크 〈Craft Narrative: Beauty in Everyday Living〉展

디자인 컨설팅 및 문화상품 개발
- 기업 캘린더 디자인 컨설팅
- 전시연계 아트상품 및 문화상품 개발
- JAJU 상품 개발
- 제주 유민미술관 전시실 조성사업
- 제네시스 뉴욕 브랜드 센터 공간연출
- 제네시스 문화상품 개발
- 한국국제교류재단 워싱턴 사무소
- 코리아라운지 공간연출

연구 교육 사업

강연
- 전통문화 강좌
- 아름지기 아카데미

답사
- 고건축답사
- 세계문화유산답사
- 의식주 문화 연구 답사: 사찰음식

문화유산연구
- 서대문형무소 복원 및 활용방안 연구
- 선농단 역사 공원 조성사업
- 궁궐별 주요 전각 활용 연구
- 궁궐 활용 및 장소 사용 허가 기준 마련 연구
- 창덕궁 낙선재 일원 문양 연구
- 경주 문화재 안내판 모니터링 연구
- 답십리 고미술 상가 명소화 사업
- 제주도 문화재 안내판 모니터링 연구

공연
- 가락

출판
- 《아름지기의 한옥 짓는 이야기》
- 《궁궐의 안내판이 바뀐 사연》
- 《우리 시대의 장인 정신을 말하다》
- 《헤리티지 투모로우 프로젝트》
- 《아름지기 백서》

TIME LINE

APPENDIX

문화유산 환경개선

01
정자나무 주변 환경 가꾸기

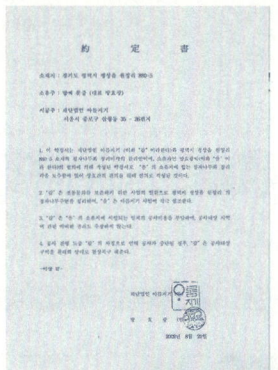

예로부터 마을 어귀의 커다란 나무는 수호신이자 그 주변으로 사람들이 자연스럽게 모여드는 장소였다. 자연 유산이면서 동시에 문화유산인 정자나무를 가꾸는 일은 아름지기가 2001년 정식 재단으로 출범한 이후 본격적으로 시작한 첫 번째 사업이다. 정자나무를 가꾸고 주변 환경을 정비해 마을 공동체의 복원을 도모하는 이 사업은 물질적인 환경을 조성해 다시 정신이 깃들게 하는 아름지기의 철학을 잘 보여준다. 어떠한 목적을 위해 무턱대고 새로운 시설을 도입하는 것이 아니라, 지역의 전통적 인프라를 현대적 쓰임과 감각에 맞게 다시 만들어내는 프로젝트의 선례가 되었다. 초기에는 이례적인 비영리 문화 사업의 새로운 길을 개척하는 사업이었으나, 초기 사례의 긍정적 평가에 따라 이후에는 다양한 지자체에서 먼저 사업을 제안하고 기업 후원도 뒤따르면서 2002년부터 2014년까지 총 11개 마을의 정자나무를 정비했다.

2002 원정리 느티나무
장소 | 경기도 평택시 팽성읍 원정1길 24-3
설계 및 시공 | 정영선

2005 화양동 느티나무
장소 | 서울시 광진구 군자로 30
설계 및 시공 | 정영선
후원 | KT&G

2006 부서마을 부부 느티나무
장소 | 전라북도 부안군 주산면 동정리
설계 및 시공 | 정영선
후원 | KT&G

2007 헤이리 느티나무
장소 | 경기도 파주시 탄현면 헤이리
자문 | 정영선
설계 및 시공 | 김용택, 금교식
후원 | KT&G

2008 간파리 느티나무
장소 | 경기도 연천군 전곡읍 간파리
설계 및 시공 | 정영선
후원 | 월드컬처오픈 화동문화재단

2008 두물머리 느티나무
장소 | 경기도 양평군 양서면 양수리
설계 및 시공 | 정영선
후원 | 대한생명

2011 운곡리 은행나무
장소 | 경상북도 함양군 서하면 운곡리
자문 | 정영선
설계 및 시공 | 정욱주, 21세기조경
후원 | 루이비통 코리아

2011 학사루 느티나무
장소 | 경상북도 함양군 함양읍 고운로 43
자문 | 정영선
설계 및 시공 | 정욱주, 21세기조경
후원 | 루이비통 코리아

2012 곡수리 회화나무
장소 | 경기도 양평군 지평면 곡수귀골길 2-5
자문 | 정영선
설계 및 시공 | 정욱주, 푸른세상, 월송나무병원
협력 | 월드컬처오픈 화동문화재단
후원 | 키엘

APPENDIX

2013 **의평리 느티나무**
　　　장소 | 충청남도 보령시 청라면 의평리
　　　자문 | 정영선
　　　설계 및 시공 | 정욱주, 청운석조, 쌔즈믄
　　　후원 | 보령시, 문화재청

2014 **흥천사 느티나무**
　　　장소 | 서울시 성북구 아리랑로5길 95-10
　　　자문 | 정영선
　　　설계 및 시공 | 정욱주, 청운석조, 쌔즈믄
　　　협력 | 서울디자인재단

　　　* 모든 사업의 주관, 기획 및 실행 총괄 | 아름지기

- 2002년 원정리 느티나무 주변 환경 가꾸기 사업에
  착수하기 위해 마을의 방씨 문중과 맺은 계약서
- 2006년 부안군 부서마을 당산제

APPENDIX

02
궁궐 환경 가꾸기

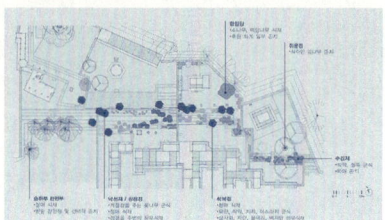

• 낙선재 조경 최종안

아름지기는 2003년부터 정기적으로 궁궐을 청소하는 자원봉사 활동을 운영했다. 창덕궁에서 시작한 봉사 활동은 오랜 시간 안정적으로 지속되었고, 그에 따라 활동 범위를 종묘와 덕수궁 등으로 확장해나갔다. 궁궐을 청소하는 일에 노하우가 쌓여 전용 청소 도구를 제작하고, 더 많은 사람이 참여할 수 있도록 궁궐 환경 가꾸기 매뉴얼을 발간하기도 했다. 청소에서 시작한 궁궐 환경 가꾸기는 외부 단체로는 이례적으로 창덕궁 연경당의 도배를 다시 하고, 사료 조사를 통해 낙선재의 조경을 재현하는 사업까지 이어졌다. 일련의 과정을 통해 궁궐을 관리하는 공기관에서 민간 조직과의 협업을 수용하기 시작했고, 점차 아름지기 이외의 단체나 기업에서도 문화유산을 지키는 사업에 관심을 가지면서 제도적 체계가 확립되었다.

2003 – 2019　　**궁궐 청소 (창덕궁, 종묘, 덕수궁)**
장소 | 서울시 종로구 율곡로 99, 종로 157, 세종로 99
궁궐 환경 가꾸기 지기장 | 이순선, 남정우, 신선균, 황명순, 한경화, 정미선, 이미성, 김명숙, 김명희, 안명숙, 변동주, 임연옥, 위미라, 황희
회원 기업 봉사 활동 | 효성그룹, 이건그룹, 남양유업, 한화호텔&리조트, 서브원, 광주요, 한솔그룹, 호텔신라
기업 및 단체 봉사 활동 | 신한은행, 신한은행그룹, 현대엘리베이터, 삼우설계, 이지웰페어, GAP코리아, 경운박물관
사업 주관, 기획 및 실행 총괄, 진행 감리 | 아름지기
협력 | 문화재청, 창덕궁관리소, 종묘관리소, 덕수궁관리소

2004　　**창덕궁 연경당 내부 수리사업**
장소 | 서울시 종로구 율곡로 99
도배 | 조수연, 최철호
안내판 디자인 | 안상수
기획 및 실행 총괄, 진행 감리 | 아름지기
협력 | 문화재청, 창덕궁관리소
후원 | 대한항공

Jan, 2006 – Apr, 2007　　**창덕궁 낙선재 조경 정비사업**
장소 | 서울시 종로구 율곡로 99
자문 | 이상해, 전봉희, 정재훈
조경 설계 및 시공 | 정영선
기획 및 실행 총괄, 진행 감리 | 아름지기
협력 | 문화재청, 창덕궁관리소

Apr, 2012 – Mar, 2013　　**창덕궁 가정당 회의공간 조성사업**
장소 | 서울시 종로구 율곡로 99
자문 | 김봉렬, 박영규, 정민자, 이지영
가구 디자인 | 하지훈
기획 및 총괄, 진행 감리 | 아름지기
협력 | 문화재청, 문화재보호재단, 창덕궁관리소
보료기증 | 서도호

Jul, 2018 – Jan, 2021　　**창덕궁 희정당 및 대조전 일원 관람환경 개선사업**
장소 | 서울시 중구 세종대로 99
자문 | 김봉렬, 조효숙, 최종덕, 서준, 장우진, 최흥규, 박윤미
다회 | 임금희
금속 | 최기준
유리등갓 | 삼화크리스탈, 금성유리
전기설비 | 성문엔지니어링
유물 보존 처리 및 유물 정리 | 한캠, 도원문화유산
조명 조립 | 알토
복원 계획 수립 및 시행 | 온지음 집공방, 온지음 옷공방
기획 및 실행 총괄, 진행 감리 | 아름지기
협력 | 문화재청, 창덕궁관리소, 국립고궁박물관
후원 | 효성그룹, 알토

APPENDIX

03
공공디자인 개발

문화유산 주변의 공공디자인을 개선하는 일은 과거의 유산이 오늘날과 만나는 방법을 제안하는 일이다. 아름지기는 여러 차례 문화유산 환경개선 사업을 통해 그 주변의 안내판들이 중구난방으로 배치되어 있거나, 심미성을 고려하지 않고 만들어 오히려 경관을 해친다는 사실을 발견했다. 2006년부터 본격적으로 추진한 서울 5대 궁궐 안내 시스템 개발 및 안내판 디자인 개선사업은 명확한 원칙과 체계를 갖춘 문화재 공공디자인 시스템 전반을 구축하는 사업이다. 아름지기가 주선해 모인 각 분야에서 손꼽히는 디자이너와 건축가들의 협업으로 디자인한 새로운 안내판 시스템은 공간적인 구성에서부터 안내 문구, 글자 모양까지 섬세하게 고려해 만들었다. 이는 공기관이 공공디자인에 대한 인식을 바꾸는 계기가 되기도 했다. 이후 공공디자인 사업은 안내판뿐만 아니라, 문화유산을 둘러싼 시설물 전반을 개선하는 방향으로 확장되고 있다.

May, 2004 — Mar, 2005   종로구 간판 디자인 개선사업
장소 | 종로6가 일대 (건물 1동 114번지 일대 1층 귀금속 상가, 2층 성인 오락실), 117번지 일대 (1, 2층 볼레로 운동복, 1층 뉴욕귀금속, 3층 한국주얼리연구원), 116번지 일대 (1층 성인 오락실, 1·2층 식당 미주), 115번지 일대 (만물상, CF 운동복)
간판 디자인 | 강익중, 박기원, 백현진, 조경규, 앨버트 리
디자인 시범사업 주관, 진행 감리 | 아름지기
주관 | 서울시
* 아름지기가 서울시 도시경관정책자문단으로 활동

Dec, 2006 — Mar, 2008   서울 5대 궁궐 안내 시스템 개발 및
안내판 디자인 개선사업
장소 | 서울시 종로구 율곡로 99, 사직로 161,
서울시 중구 세종대로 99, 종로구 창경궁로 185, 종로 157
자문 | 이상해, 김봉렬, 민현식, 조성룡, 승효상, 안상수
사단법인 한국의 재발견, 서울KYC
디자인 | 마이클 록2×4, 안그라픽스
제작 시공 | 최홍규
안내문 작성 | 이상해, 김봉렬, 안창모, 우동선
안내문 번역 | 문수열
기획 및 실행 총괄, 진행 감리 | 아름지기
협력 | 문화재청, 경복궁관리소, 창덕궁관리소, 창경궁관리소, 덕수궁관리소, 종묘관리소

Mar — Dec, 2008   해인사 안내판 디자인 개선사업
장소 | 경상남도 합천군 가야면 해인사길 122
자문 | 이상해, 안상수
디자인 | 마이클 록2×4, 안그라픽스
안내문 작성 | 이상해
안내문 번역 | 문수열
기획 및 실행 총괄, 진행 감리 | 아름지기
협력 | 문화재청, 합천군, 해인사
후원 | KB국민은행

Jan, 2009 — Dec, 2010   하회, 양동마을 안내판 디자인 개선사업
장소 | 경상북도 안동시 풍천면 진서로 186,
경주시 강동면 양동리 125
자문 | 이상해
디자인 | 베른트 힐퍼트Unit Design, 안그라픽스
디자인 감독 | 안상수
안내문 작성 | 이상해
안내문 번역 | 문수열
기획 및 실행 총괄, 진행 감리 | 아름지기
협력 | 문화재청, 경주시, 안동시
후원 | KB국민은행

• 종로구 간판 디자인 개선 사업 중 백현진 작가가 디자인한 뉴욕귀금속 간판
• 경복궁 안내판 설치 전경

APPENDIX

May, 2013 — Jan, 2015　　제주도 천지연 일대 안내판 개선 시범사업
　　　　　　　　　　　　장소 | 제주 서귀포시 천지동 667-7
　　　　　　　　　　　　자문 | 안상수, 김봉렬, 정영선, 박경미
　　　　　　　　　　　　디자인 | 마이클 록2×4, 안그라픽스
　　　　　　　　　　　　안내문 번역 | 한국외국어대학교
　　　　　　　　　　　　기획 및 실행 총괄, 진행 감리 | 아름지기
　　　　　　　　　　　　협력 | 문화재청, 서귀포시
　　　　　　　　　　　　후원 | 이니스프리

Sep, 2013 — Apr, 2015　　서울 문묘와 성균관 안내판 개선사업
　　　　　　　　　　　　장소 | 서울특별시 종로구 성균관로 25-1
　　　　　　　　　　　　자문 | 최영갑, 김봉렬
　　　　　　　　　　　　디자인 | 안그라픽스
　　　　　　　　　　　　안내문 번역 | 문수열
　　　　　　　　　　　　기획 및 실행 총괄, 진행 감리 | 아름지기
　　　　　　　　　　　　협력 | 문화재청, 문화유산국민신탁
　　　　　　　　　　　　후원 | 라이엇게임즈

Apr, 2014 — Mar, 2016　　한양도성 안내판 개선 시범사업
　　　　　　　　　　　　장소 | 혜화문 지역, 창의문 지역
　　　　　　　　　　　　자문 | 안상수, 김봉렬, 최욱, 김왕직, 김주미
　　　　　　　　　　　　디자인 | 김동하아뜰리에동가
　　　　　　　　　　　　안내문 번역 | 문수열
　　　　　　　　　　　　기획 및 실행 총괄, 진행 감리 | 아름지기
　　　　　　　　　　　　협력 | 서울시
　　　　　　　　　　　　후원 | 네이버

Dec, 2016 — 현재　　　　제주도 주상절리대 공공디자인 개선사업
　　　　　　　　　　　　장소 | 제주특별자치도 서귀포시 이어도로 36-24
　　　　　　　　　　　　PM | 이민아, 정욱주
　　　　　　　　　　　　설계 | 김아연, 아뜰리에나무, 엔.아이.에이 건축사사무소,
　　　　　　　　　　　　엠더블유디랩, 스튜디오 테라, 더 가든
　　　　　　　　　　　　기획 및 진행 컨설팅, 진행 감리 | 아름지기
　　　　　　　　　　　　협력 | 제주도, 서귀포시, 문화재청, 한국관광공사
　　　　　　　　　　　　후원 | 미래에셋증권

APPENDIX

04
역사문화공간 조성 및 운영

아름지기의 사업은 기존의 문화유산을 가꾸는 것뿐만 아니라 새로운 문화유산을 발굴하거나 기존 공간을 개편해 더 나은 쓰임을 찾는 것 등의 방향으로 확장된다. 이미 많은 사람이 찾는 문화유산도 있지만, 분명 가치가 있음에도 아직 체계를 갖추지 못해 제 기능을 하지 못하는 문화유산이 많다. 문인 이상이 머물렀던 공간을 새로운 방식의 기념관으로 만들어 운영하고, 서울시장 공관으로 사용되었던 곳을 한양도성 혜화동 전시·안내센터로 개편하는 등 다양한 사업을 통해 새로운 역사문화공간을 조성했다. 또 한옥을 현대화하는 프로젝트를 여러 차례 진행해 오늘날에도 유용하게 쓰일 수 있는 전통적인 건축양식의 모델을 창출하기도 했다.

2001 — 현재   **안국동한옥**
장소 | 서울시 종로구 안국동 3번지
자문 | 김봉렬, 정영선, 정민자
감리 | 정민자, 이경미
설계 | 김봉렬, 삼풍엔지니어링
시공 | 박석규, 노행용, 정기준, 박석순, 이규주, 서정웅, 서성환, 최철호, 조수연, 이승권, 동성목재, 이건마루, 최가철물
조경설계 | 조경설계 서안
인테리어 및 집기 | 서을호, 유니데코, 화안가구, 라이트워크, 우신, Inter CK, 한샘
사업 주관, 기획 및 실행 총괄, 진행 감리 | 아름지기
지원 | 서울시

Jul, 2002 — Jun, 2003   **해인사 신행 문화 도량 건립**
장소 | 경상남도 합천군 가야면 해인사길 122
자문 | 정기용, 이상해, 김봉렬, 유홍준
공모전심사 | 김종성, 김동현, 김원중, 민현식, 이상해, 조건영, 지관스님, 원웅스님
건축설계 | 조성룡, 프린시스코 사닌
기획 및 진행 코디네이터 | 아름지기
협력 | 해인사

May, 2003 — Mar, 2017   **함양한옥**
장소 | 경상남도 함양군 서하면 봉전길 44-8
한옥 기증 | 전육
자문 | 이상해, 정민자, 조희숙
설계 | 김봉렬, 삼풍엔지니어링, 3IE디자인
현장감독 | 노행용
대목 | 강의환
창호 | 박천동
석공 | 서성환
도배 | 조수연
안내판 디자인 | 안그라픽스
후문 디자인, 욕실 리모델링 | 최욱원오원 아키텍츠
현장운영 | 이재철, 고숙희, 박지영
사업 주관, 기획 및 실행 총괄, 시설 운영 | 아름지기
협력 | 함양군

2007 — 2016   **이상의집**
장소 | 서울시 종로구 통인동 154-10번지
자문 | 이어령, 이상해, 김원, 안상수
건축 | 민현식, 최욱, 신혜원, 이소진, 이지은, 장영철, 전숙희
사업주관, 기획 및 실행 총괄, 진행 감리 | 아름지기
후원 | 문화유산국민신탁, 김수근문화재단, 국민은행

May, 2009 — Nov, 2015   **피츠버그대학교 국가관 한국실 건립**
장소 | 4200 에비뉴15, 피츠버그, 펜실베이니아주, 미국
자문 | 민현식, 김봉렬
건축 공모 참여 | 최욱원오원 아키텍츠, 이민아협동원
건축 설계 | 온지음 집공방, 이민아협동원
가구 디자인 | 하지훈

● 한양도성 혜화동 전시·안내센터 실내
● 2012년 이상의집 〈노래방〉 공연 현장 사진

APPENDIX

한글 그래픽, 책가도 | 안상수, 안그라픽스
전시 소품 | 이영호
기획 및 실행 총괄, 진행 감리 | 아름지기
협력 | 피츠버그대학교
후원 | KHR Committee, 한국국제교류재단, 풍산그룹, 김민정

Jun, 2013 — 현재   **통의동사옥**
장소 | 서울특별시 종로구 효자로 17
설계 공모 참여 | 조성룡, 김종규
설계 | 김봉렬, 김종규, 정영선, 온지음 집공방
시공 | 조재량, 조수연, 이건창호, 조경설계 서안
사업 주관, 기획 및 실행 총괄, 시설 운영 | 아름지기
시설임대인 | 삼양인터내셔날

Apr, 2014 — Jul, 2016   **한양도성 혜화동 전시·안내센터(구 시장공관)**
장소 | 서울시 종로구 창경궁로35길 63 (구)서울시장공관
자문 | 송인호, 김홍남, 양보경
건축 설계 | 최욱원오원 아키텍츠
조경 설계 | 정영선조경설계 서안
전시 기획 | 아름지기, 오퍼센트
전시 디자인 | 김인철원오원 팩토리
전시 영상 | 미디어스코프
전시 시공 | 주성건축
모형 제작 | 엠테크
시공 | 현도종합건설
기획 및 실행 총괄, 진행 감리 | 아름지기
협력 | 서울시
후원 | 네이버

2016 — 2017   **함안고택**
장소 | 경상남도 함안군 군북면 동촌리 1146
자문 | 김봉렬, 정민자, 정영선
한옥 복원 | 온지음 집공방
직물 제작 | 온지음 옷공방
전시 연출 | 장준호
조경 설계 | 정영선
기획 및 실행 총괄, 진행 감리 | 아름지기
발주처 | 효성그룹

May, 2017 — Apr, 2018   **서울 역사가옥(홍건익가옥, 배렴가옥) 민간위탁운영**
장소 | 서울시 종로구 필운대로1길 14-4, 종로구 계동길 89
자문 | 김원, 배우성, 우동선, 정민자, 조인수, 허경진, 홍선표
운영위원회 | 강인숙, 김길지, 류인혜
프로그램 | 허경진, 생각의 여름, 서현경, 홍성천, 박민수, 김지은, 김기란
기획 및 실행 총괄, 프로그램 기획 및 시설 운영 | 아름지기
협력 | 서울시

APPENDIX

05
궁궐 집기 재현 사업

아름지기는 궁궐 외형을 가꾸는 사업을 지속적으로 이어가면서 궁궐 내부의 집기와 가구를 체계적으로 복원하거나 재현하는 프로젝트까지 사업을 확장한다. 2012년 덕수궁 함녕전 고종 침실의 집기를 재현하는 사업을 시작으로 궁궐 내부를 정비하는 일을 본격적으로 진행했다. 궁궐 내부 집기를 복원하는 일은 단지 물건을 되돌려놓는 것뿐만 아니라, 전통 건축물에서 선조들이 어떻게 살아갔는지 그 생활양식 자체를 추적하는 일이다. 프로젝트에 참여한 여러 장인들은 국립고궁박물관 소장품 등 실제 유물 원본을 면밀하게 조사해 궁궐 집기를 새로 만들었다.

Feb — Sep, 2012 〈덕수궁 프로젝트〉 침전 집기 재현
장소 | 서울시 중구 세종대로 99
자문 | 조효숙, 장순용, 정민자, 박지선, 김삼대자
프로젝트 총괄 | 서도호
퍼포먼스 | 정영두
직물재현 | 이홍순, 온지음 옷공방
도배 | 홍종진, 조수연
서도호 작가 작품설치 관련 자문 및 공간재현 시행 | 아름지기
협력 | 문화재청, 덕수궁관리소, 국립현대미술관

2015 — 2017 덕수궁 함녕전 집기 재현
장소 | 서울시 중구 세종대로 99
자문 | 조효숙, 김소현, 정민자, 김삼대자, 노명구, 이민원, 이상해, 이태진, 안창모, 장경희, 김왕직, 서준, 온지음
도배 | 홍종진, 조수연
무렴자 | 유선희, 홍성효, 김은영, 온지음 옷공방
외주렴 | 조대용, 조숙미, 장철영, 조복래, 정한열
오봉병 | 권오창
용평상, 용교의 | 이강연, 정수화, 허대춘, 박성규
지의류 | 박현주한복기술진흥원
사업주관, 기획 및 실행 총괄, 진행 감리 | 아름지기
협력 | 문화재청, 덕수궁관리소, 문화유산국민신탁, 국립고궁박물관, 국립중앙박물관, 국립민속박물관
후원 | 에르메스

2018 — 2020 덕수궁 즉조당 집기 재현
장소 | 서울시 중구 세종대로 99
자문 | 김희수, 서준, 장경희, 정민자, 조효숙, 김수진, 김소현, 김승현, 송정주
가구류 | 권우범, 정수화, 안이환, 허대춘
보료 | 온지음 옷공방
지의류 | 박현주(주)한웨이브리미티드
은입사촛대 | 최교준
은입사화로 | 승경란
유제등경 | 김수영
백수백복자수병풍 | 김태자, 상문당, 박진우
사업주관, 기획 및 실행 총괄, 진행 감리 | 아름지기
협력 | 문화재청, 덕수궁관리소, 문화유산국민신탁, 국립고궁박물관, 국립중앙박물관, 국립민속박물관
후원 | 에르메스

● 고궁박물관 소장품 조사

APPENDIX

문화예술 콘텐츠 기획 및 개발

01
기획전시

아름지기는 2004년부터 매년 기획전시를 통해 전통을 창조적으로 계승해 동시대의 삶에 자연스럽게 스며들 수 있는 아름다움을 탐구했다. 전통적인 의식주에서 우리 일상에 실질적인 도움이 되는 것을 찾아내기도 하고, 오래된 것에서 오히려 진취적인 가치를 발견하기도 한다. 가장 최신의 트렌드를 전통적인 것을 통해 다시 매개하는 것이다. 아름지기의 기획전시는 문화유산을 전시하는 것에서 나아가 동시대 작가, 디자이너들과 끊임없이 협업하며 새로운 것을 만들어내고 있다. 아름지기의 기획전시는 구글 아트 앤 컬처Google Art and Culture 플랫폼을 통해 온라인으로도 살펴볼 수 있다.

Oct 1 — Oct 31, 2004 〈전통의 맥: 생활 속의 아름다움을 찾아서 — 쓰개〉展
장소 | 안국동한옥
참여 작가 | 김공춘, 김영석, 김윤선, 김인, 박선영, 박성호, 박창영, 신상순, 양진숙, 원혜은, 이병찬, 이봉주, 이연화, 이홍순, 이희연, 장희순, 정기자

May 25 — Jun 30, 2005 〈생활 속의 아름다움 — 목공예〉展
장소 | 안국동한옥
참여 작가 | 손덕균, 이재만, 최선희

Aug 30 — Sep 27, 2006 〈우리 그릇과 상차림〉展
장소 | 안국동한옥
참여 작가 | 민영기, 이기조, 이윤신

Oct 23 — Nov 22, 2007 〈우리 옷, 배자〉展
장소 | 안국동한옥
참여 작가 | 이홍순, 유선희, 율리 슈나이더, 은화 김 잘츠만

Sep 2 — Oct 8, 2008 〈한옥 공간의 새로운 이야기〉展
장소 | 안국동한옥
참여 작가 | 이정섭, 한정현
후원 | 서울문화재단, 화동문화재단

Nov 7 — Dec 6, 2009 〈행복한 새참, 도시락〉展
장소 | 안국동한옥
참여 작가 | 고희숙, 광주요, 김보민, 김선태, 김일웅, 김정옥, 선재스님, 성복화, 송민호, Second Hotel, 신경균, 심옥섭, 에밀 고, 윤재덕&이상철, 이영학, 이윤신, 이은범, 이창화, 이헌정, 임계화, 전성임, 정재효, 조희숙, 주상현, 한정용, 허상욱

Nov 2 — Nov 8, 2010 〈유니폼, 전통을 입다〉展
장소 | 갤러리 아트링크
참여 작가 | 고윤주, 김재환, 박환성, 서경희, 서승희, 이청청, 이현식, 최지형, 최진우, 허환, 진태옥

Dec 21, 2011 — Jan 27, 2012 〈생활 속의 아름다움, 아름지기 가구〉展
장소 | 플라토 삼성미술관
참여 작가 | 김선태, 신지훈, 이미경, 오세환, 장민승, 조형석, 주상현, 하지훈, MAEZM, KAMKAM
후원 | (주)고려디자인

Oct 11 — Oct 31, 2012 〈끽다락: 차와 하나되는 즐거움〉展
장소 | 안국동한옥
참여 작가 | 강웅기, 고보형, 고희숙, 권대섭, 김경은, 김동현, 김민선, 김용희, 김일웅, 김종환, 김종훈, 김현성, 김혜정, 박성철, 송민호, 송승용, 심현석, SWBK, 여병욱, 조다니엘
후원 | 남양유업, 삼양홀딩스, 썬앳푸드, 아몬디에

Oct 31 — Nov 20, 2013 〈포袍, 선비 정신을 입다〉展
장소 | 통의동사옥

APPENDIX

Oct 8 — Nov 12, 2014　〈소통하는 경계, 문門〉展
장소 | 통의동사옥
참여 작가 | 김정아, 안인실, 유선희, 이홍순, 장정윤, 진태옥, 김서룡, 정욱준

Sep 25 — Oct 30, 2015　〈맑은 술 안주 하나〉展
장소 | 통의동사옥
참여 작가 | 김종환, 네임리스 건축, 온지음 집공방, 조병수, 최문규, 최욱, 최정유
후원 | 이건창호

Oct 8 — Nov 4, 2016　〈저고리, 그리고 소재를 이야기 하다〉展
장소 | 통의동사옥
참여 작가 | 강웅기, 강희성, 구본창, 김경남, 김미라, 김성철, 김준수, 류연희, 박미경, 박서연, 백경원, 서울대공예과연구팀, 성정기, 신용균, 심현석, 온지음 맛공방, 은병수, 이강효, 이기욱, 이은범, 이인진, 이천수, 이헌정, 장미네, 정기연, 정용진, 정유리, 정재효, 조원석, 최중호, 한정용, 황갑순, 허상욱, 현지연
후원 | 까르띠에, 이건창호, 한국메세나협회, 한국문화예술위원회

Sep 2 — Nov 10, 2017　〈해를 가리다〉展
장소 | 통의동사옥
참여 작가 | 온지음 옷공방, 임선옥, 정미선, 레코드RE;CODE
후원 | 까르띠에, 이건창호, 한국메세나협회, 한국문화예술위원회

Sep 8 — Nov 2, 2018　〈가가례家家禮: 집집마다 다른 제례의 풍경〉展
장소 | 통의동사옥
참여 작가 | 온지음 집공방, stpmj, SoA, 최춘웅
후원 | 까르띠에, 이건창호, 한국메세나협회, 한국문화예술위원회

Aug 30 — Oct 20, 2019　〈고고백서袴袴白書: 우리의 바지, 이천 년 역사를 넘어〉展
장소 | 통의동사옥
참여 작가 | 권대섭, 김덕호&이인화, 김현성, 박종선, 심현석, 양유완, 온지음 맛공방, 이강효, 이건민, 이기욱, 이인진, 제너럴그레이, 허상욱
후원 | 까르띠에, 이건창호, 한국메세나협회, 한국문화예술위원회

Oct 16 — Dec 8, 2020　〈바닥, 디디어 오르다〉展
장소 | 통의동사옥
참여 작가 | 온지음 옷공방, 뮌MÜNN, 부리BOURIE, 유돈 초이EUDON CHOI, 준지JUUN.J, 파츠파츠PARTsPARTs
후원 | 까르띠에, 이건창호, 한국메세나협회, 한국문화예술위원회

Oct 8 — Dec 5, 2021　〈홈, 커밍 Homecoming〉展
장소 | 통의동사옥
참여 작가 | 김현종, 서승모, 온지음 집공방, 최종하
후원 | 까르띠에

장소 | 통의동사옥, 안국동한옥
참여 작가 | 역대 전시 참여작가(권대섭, 김현종, 박종선, 임선옥, 진태옥, 하지훈 외 다수), 온지음 맛공방, 옷공방, 집공방
후원 | 까르띠에, 이건창호, 한국메세나협회, 한국문화예술위원회

* 모든 전시의 사업 주관, 기획 및 실행 총괄 | 아름지기

- 〈맑은 술 안주 하나〉展
- 〈바닥, 디디어 오르다〉展 김현종 작가 작품 설치 전경
- 〈고고백서袴袴白書: 우리의 바지, 이천 년 역사를 넘어〉展 전경

APPENDIX

02
해외전시

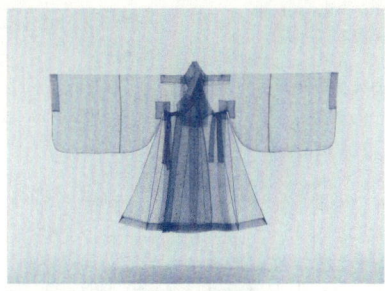

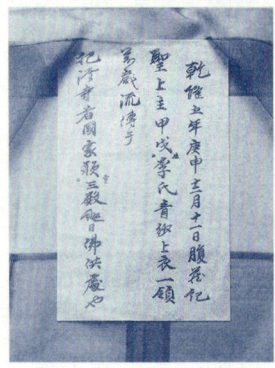

아름지기의 자체 기획전시는 전통과 동시대를 넘어 외국의 다른 문화와의 연결을 만들어왔다. 2011년 영국 런던 주영 한국문화원에서 배자 전시를 통해 오늘날 디자이너들이 새로 만든 전통 의복을 선보였고, 2013년 독일 프랑크푸르트 응용미술관에서는 다기와 소품을 통해 한국의 전통이 현대까지 어떻게 투영되어왔는지를 보여주기도 했다. 특히 미국 샌프란시스코 아시아미술관에서는 조선 궁중 의복부터 현재 세계적으로 활동하고 있는 패션 디자이너의 작업까지 종합적으로 살펴볼 수 있는 기획전을 마련해 한국 의복사의 정수를 살펴볼 수 있는 기회를 제공했다.

Jun 11 — Jun 21, 2011 〈Baeja, the Beauty of Korea〉展
장소 | 주영 한국문화원, 런던, 영국
참여 작가 | 구남옥, 유선희, 이홍순, 장정윤, 정말숙, 진태옥, 고윤주, 김재환, 박환성, 이청정, 이현식, 최지형, 최진우, 허환, 서경희, 이광섭
사업 주관, 기획 및 실행 총괄 | 아름지기
협력 기관 | 금호아시아나, 주영 한국문화원, 한국공예·디자인문화진흥원, 한국문화예술위원회

Apr 26 — Aug 25, 2013 〈KOREA Power, Design and Identity〉展
장소 | 응용미술관, 프랑크푸르트, 독일
참여 작가 | 고희숙, 김선태, 신경균, 윤재덕, 이상철, 이윤신, 에밀 고, 정재효, 하지훈, 한정용, 광주요
사업 주관, 기획 및 실행 총괄 | 아름지기
협력 기관 | 한국국제교류재단, 주프랑크푸르트영사관, 아시아나항공, 삼성전자

Nov 3, 2017 — Feb 4, 2018 아시아미술관 공동기획 해외특별전
〈Couture Korea 우리의 옷, 한복〉展
장소 | 아시아미술관, 샌프란시스코, 미국
참여 작가 | 진태옥, 임선옥, 정미선
사업 주관, 기획 및 실행 총괄 | 아름지기
협력 기관 | 대한항공, 한국국제교류재단

● 아시아미술관 공동기획 해외특별전 〈Couture Korea 우리의 옷, 한복〉展 에 출품한 영조의 도포
● 영조의 도포 세부

APPENDIX

03
대외 협력 사업

아름지기는 자체 기획전시에서 더 나아가 외부 행사에 참여하며 다른 문화 속에서 우리의 아름다움을 알리기 위한 프로젝트도 다방면으로 펼쳐왔다. 우리 전통을 외국에서 전시하는 일은 그 자체로 한국적 정체성의 다채로움을 알리는 사업이 되기에 더욱 섬세한 접근이 필요하다. 이에 아름지기는 국제적인 디자인 엑스포와 페어, 페스티벌 등에 지속적으로 참여해 우리의 전통적 아름다움을 알리는 데 힘써왔다. 2015년에는 파리 국립장식박물관에서 열린 한불 수교 130주년 기념전의 패션 부문 전시를 만들었고, 2017년에는 런던 크래프트 위크를 통해 전통적 미감에 현대적 실용을 더한 다양한 식기를 선보였다.

Dec 15 — Dec 19, 2010
2010 공공디자인 엑스포 전시, 재단법인 아름지기 기획전시관
장소 | 코엑스
부스 설치 및 운영 | 아름지기
주최 | 문화체육관광부, 행정안전부
주관 | 한국공예·디자인문화진흥원, 코엑스

Jul — Sep, 2011
〈2011 한복 페스티벌: 한복, 근대를 거닐다〉 전시콘텐츠 개발
장소 | 문화역서울284
자문 | 조효숙, 진태옥, 서영희
연구 진행 및 콘텐츠 제공 | 아름지기
협력기관 | 한국공예·디자인문화진흥원

2011 — 2012, 2016
공예트렌드페어
장소 | 코엑스
자문 | 이상철, 박경미
작품 설치 | 온지음 옷공방
부스 설치 및 운영 | 아름지기
주관 | 한국공예·디자인문화진흥원

Jan — Jun, 2013
〈시민청 동행 프로젝트: 작고 뜻깊은 결혼식 함께 만들기〉 기획 및 연출
자문 | 조효숙, 정민자
주요 참여자 | 이나미(프로젝트 총괄), 김효은(공간연출), 온지음 옷공방(혼례복), 온지음 맛공방(혼례 상차림)
전통혼례 기획 및 연출 시연 | 아름지기
협력기관 | 서울시

2013 — 2017
아시아 공예디자인 프로젝트
장소 | 베트남
자문 | 은병수
주요 참여 | 최정유, 서정화, 조기상, 소동호(참여 디자이너)
이주현 UN Habitat Vietnam (현지 코디네이터)
실크 빌리지, 40 LELOI, 찌엠 따이 빌리지, 송 호아이 세라믹스, 깜 낌, 주이 탄, 후에 안 루 빌리지, 푸옥 죽, 자힌, 크래프트 링크 (현지 공예생산 네트워크)
사업 주관, 기획 및 실행 총괄, 진행 감리 | 아름지기
협력 기관 | Quang Nam Province Vietnam, UN Habitat Vietnam, UNESCO Vietnam
후원 | 아시아나항공

2014
서울미래유산 기획 홍보
주요 참여자 | 민현석, 안창모, 최흥규, 설재우, 권오남, 박재영, 최불암
미래유산 심포지엄 기획 및 운영 | 아름지기, 레인보우 커뮤니케이션
협력기관 | 서울시, 문화유산국민신탁

2015
페스티벌 오원
장소 | 샤또 라 부르데지에르, 프랑스
자문 | 조효숙, 김소현
협력 시행 | 온지음 옷공방, 온지음 맛공방

● 〈Craft Narrative: Beauty in Everyday Living〉展 출품작 1
● 〈Craft Narrative: Beauty in Everyday Living〉展 출품작 2

APPENDIX

	전시 기획 및 현장 설치, 운영	아름지기
	주관	양성원오원트리오
Sep 19, 2015 — Jan 3, 2016	한불 수교 130주년 기념 한국특별전 〈Korea Now!〉展, 패션 부문
	장소	국립 파리 장식미술관, 파리, 프랑스
	자문	조효숙, 김소현, 서영희
	협력 시행	온지음 옷공방
	전시 기획 및 현장 설치	아름지기
	주관	한국공예·디자인문화진흥원, 국립 파리 장식미술관
May 3 — May 7, 2017	〈Craft Narrative: Beauty in Everyday Living〉展, 런던 크래프트 위크
	장소	10 Thurloe place, Kensington, 런던, 영국
	참여 작가	강웅기, 고보형, 고희숙, 김경남, 김미라, 김민선, 김선태, 김용회, 김일웅, 김종환, 김현성, 백경원, 송민호, 신경균, 심현석, 이강효, 이기욱, 이윤신, 이은범, 이인진, 이인화, 이창화, 이천수, 이헌정, 장미네, 정기연, 정용진, 정유리, 정재효, 최기, 최지광, 하지훈, 한정용, 허상욱, 현지연, 황갑순, 윤재덕&이상철
	전시 기획 및 현장 설치, 운영	아름지기
	협력 기관	런던 크래프트 위크
Jun 8, 2017 — 현재	구글 아트 앤 컬처 〈우리는 문화를 입는다 We wear culture〉展
	콘텐츠 협력	온지음
	콘텐츠 제공 및 업로드	아름지기
	협력 기관	구글 아트 앤 컬처

APPENDIX

04
디자인 컨설팅 및 문화상품 개발

아름지기는 전통적 아름다움과 선조들의 지혜가 깃든 다양한 문화 상품을 개발하고 있다. 그것은 전통 장인과 현대 예술가가 함께 빚어낸 작업으로 우리가 일상생활에서 전통문화의 아름다움을 누릴 수 있도록 하기 위한 하나의 방편이다. 전통의 현대적 쓰임을 찾기 위한 아름지기의 수많은 실천 중 가장 실용적이고 가까이할 수 있는 작업물이기도 하다. 아름지기는 이러한 관점에서 자체 문화 상품을 직접 판매하기도 하고, 또 기업에 디자인 자문을 하거나, 다른 브랜드와 디자인 협업 프로젝트를 통해 상품을 함께 개발하는 사업도 지속한다.

2002 — 2015 기업 캘린더 디자인 컨설팅
자문 | 박경미, 배병우
디자인 | 홍디자인, 애드빈
사진작가 | 강운구, 최지연, 배병우, 조성연, 김병훈, 이원철, 김석종, 한성필, 이민호, 이명호, 유현미, 김도균, 임채욱, 임상빈
기획 및 실행 총괄, 진행 감리 | 아름지기
협력 기관 | 효성그룹, 삼성문화재단, 제일기획

2004 — 현재 전시연계 아트상품 및 문화상품 개발
자문 | 정민자, 박경미
디자인 | 이예슬, 심현석, 김선태, 김성철, 이기조, 김호득, 최종하, 김현종, 오지은, 신경균, 한정용 등
사업주관, 기획 및 판매운영 | 아름지기

2016 — 2017 JAJU 상품 개발
자문 | 이지영
디자인 | 이예슬
사업주관, 기획 및 판매운영 | 아름지기
협력 기관 | 신세계 인터내셔날

2017 제주 유민미술관 전시실 조성사업
장소 | 제주 서귀포시 성산읍 고성리 21
자문 | 디디에 라르조, 박경미
전시디자인 | 요한 칼슨
시공 | 창크
기획 및 실행 총괄, 진행 감리 | 아름지기
발주처 | 보광 휘닉스 아일랜드

2018 — Aug, 2021 제네시스 뉴욕 브랜드 센터 공간 연출
장소 | 뉴욕
사업주관, 기획, 제품디자인 및 판매운영 | 아름지기
협력 기관 | 제네시스

Mar, 2020 — Aug, 2021 제네시스 문화상품 개발
디자인 | 이예슬
사업주관, 기획 및 판매운영 | 아름지기
협력 기관 | 제네시스

Jun, 2021 — Oct, 2021 한국국제교류재단 워싱턴 사무소 코리아라운지 공간연출
공간 기획 및 연출, 가구 및 소품류 디자인 제작 | 아름지기
가구 디자인 | 매스앤매터스

● 방짜方字불을 만들기 위한 열불림 처리 과정

APPENDIX

연구 교육 사업

01
공모전

사업 초기부터 아름지기는 건축에 대한 큰 관심으로 다양한 프로젝트를 전개했다. 2009년 젊은 건축가들과 함께 내일의 한옥에 대한 다양한 발전 가능성을 모색하고자 설계 및 아이디어 공모전을 주축으로 '헤리티지 투모로우 프로젝트'를 시작한다. 첫 프로젝트에서는 통인동에 남아 있는 이상의 집터를 서촌의 장소성과 역사성, 그리고 과거의 기억을 바탕으로 한옥과 우리 문화유산을 보존하는 관점에서 함께 탐구했다. 이후 6회까지 지속한 헤리티지 투모로우 프로젝트는 다양한 장소에 대한 연구를 기반으로 젊은 건축가들에게 기회를 제공하고 실천 가능한 결과물을 만들어냈다.

Sep, 2009 — Apr, 2010
헤리티지 투모로우 프로젝트 1:
이상의 집터에서 내일의 한옥을 생각한다
운영위원장 | 이상해
심사위원장 | 조병수
초청크리틱 | 클라크 E. 르웰린

Jul, 2010 — Apr, 2011
헤리티지 투모로우 프로젝트 2:
한옥과 한옥사이: 정주를 위한 집과 길
운영위원장 | 이상해
심사위원장 | 김승회
초청크리틱 | 피터 W. 페레토

Mar — Aug, 2012
헤리티지 투모로우 프로젝트 3:
기억의 장소 윤리의 건축
운영위원장 | 이상해
심사위원장 | 승효상
초청크리틱 | 안상수

Nov, 2013 — Mar, 2014
헤리티지 투모로우 프로젝트 4:
한옥의 경계, 이 시대의 집합도시 한옥
운영위원장 | 김봉렬
심사위원장 | 김종규
초청크리틱 | 박인석

Sep, 2014 — Mar, 2015
헤리티지 투모로우 프로젝트 5:
적은 차 나은 도시
운영위원장 | 김봉렬
심사위원장 | 조민석
초청크리틱 | 박경

Aug, 2015 — Aug, 2016
헤리티지 투모로우 프로젝트 6:
성곽마을 동네블록 — 새로운 삶의 풍경을 짓다
운영위원장 | 김봉렬
심사위원장 | 임재용
초청크리틱 | 김성홍

* 모든 사업의 주관, 기획 및 실행 총괄 | 아름지기
* 후원 | 중앙일보
* 공동주최 | 월드컬처오픈 화동문화재단

● 헤리티지 투모로우 프로젝트 1 공모전 포스터

APPENDIX

02
강연

- 2011년 아름지기 아카데미 강연 사진
  가구 및 인테리어 디자이너 로버트 스태들러의
  〈Remember Tomorrow〉 강연
- 정순우 교수의 〈조선 사상의 중심, 서원(영주 소수서원)〉 답사

강연을 비롯한 연구 교육 사업은 아름지기가 가장 처음 시작한 일 중 하나다. 2007년부터 체계화된 아름지기 아카데미는 우리 문화에 대한 깊이 있는 공론의 장을 마련해 전통뿐만 아니라 문화·예술과 인문학 등 다양한 전문가들과 함께 우리 문화의 가치를 새롭게 인식하는 기회를 제공해왔다. 아름지기 아카데미는 과거, 현재, 미래를 관통하는 다양한 주제를 함께 모여 앉아 고민하는 과정을 통해 우리 문화가 내일의 문화유산으로 나아갈 방향을 모색한다. 다양한 강연 사업은 각 분야에서 활동하며 우리 문화와 정체성에 대해 고민해온 전문가들과 보다 많은 사람이 직접 만날 기회를 만들어 문화적 가치를 확산하는 계기를 마련하는 일이기도 하다.

Mar — Nov, 2002 **전통문화 강좌**
〈답사의 바른방법〉 강우방이화여자대학교 교수
〈경주 양동마을 답사〉 이재호바른역사찾기 시민모임 대표
〈아름다운 전통 가옥 탐방〉 정민자아름지기 고문
〈조선목가구 대전〉 박영규용인대학교 교수
〈한국 도자기의 흐름〉 나선화이화여자대학교 박물관 학예실장
〈남한강변의 폐사지 답사〉 유홍준명지대학교 교수
〈한국의 전통 표장 연구〉 박지선용인대학교 교수

Mar — Nov, 2003 **전통문화 강좌**
〈세시풍속〉 박대순문화재위원
〈2003 호암명품전〉 김재열호암미술관 부관장
〈한국의 자생화〉 정영선조경설계 서안 대표
〈몽촌토성〉 권오영한신대학교 교수
〈풍수지리〉 최창조전 서울대학교 교수
〈수원화성과 정조대왕〉 유홍준명지대학교 교수
〈우리옷 2000년〉 조효숙경원대학교 교수

Mar — Nov, 2004 **전통문화 강좌**
〈기조 강연〉 허권유네스코 한국위원회 교육문화팀장
〈전통술〉 박덕훈한국 전통주 연구소
〈강화도 답사〉 유홍준명지대학교 교수
〈문방사우〉 권도홍언론인
〈한국의 장신구〉 박성실단국대학교 교수
〈창덕궁 후원 답사〉 김봉렬한국예술종합학교 교수
〈궁중요리와 반가의 상차림〉 한복려요리연구가

Mar — Nov, 2005 **전통문화 강좌**
〈우리의 미의식〉 정양모전 국립중앙박물관장
〈예술철학의 기초〉 이해완서울대학교 교수
〈안성일대 답사〉 강순형국립광주박물관 학예실장
〈한국의 주택〉, 〈함양답사〉 김봉렬한국예술종합학교 교수
〈우리떡, 우리디저트〉 윤서석중앙대학교 교수
〈전통 혼례복〉 조효숙경원대학교 교수

Mar — Nov, 2006 **전통문화 강좌**
〈한옥도시 북촌〉 송인호서울시립대학교 교수
〈북촌답사I〉 최욱원오 아키텍츠 대표
〈북촌답사II〉 황두진황두진건축사사무소 대표
〈함양답사 — 함양의 아름지기: 한옥 및 정자와 고택〉
김봉렬한국예술종합학교 교수
〈출생에서 성년되기까지의 상차림 이야기〉,
〈성년 이후 제례에 이르기까지의 상차림 이야기〉
이동순미식공간 소장
〈우리 옷, 더 가깝게 더 편하게 — 생활 속의 우리 옷 활용〉
조효숙경원대학교 교수

Mar — Nov, 2007 **2007 아름지기 아카데미: "이 시대의 장인정신을 묻다"**
〈명작은 디테일이 아름답다〉 유홍준문화재청장
〈소리의 기록〉 김영일악당이반 대표
〈바다, 소나무, 한국인〉 배병우사진가
〈기업으로 이어지는 장인정신〉 조태권광주요 회장

APPENDIX

〈스캔들에서 구호까지〉 정구호의상디자이너
〈건축적 장인정신〉 김봉렬한국예술종합학교 교수
〈우리 음식의 재발견〉 조희숙음식 연구가

Mar — Nov, 2008 2008 아름지기 아카데미: "서로 사귀어 넘나들다"
〈잡종의 시대, 잡종의 미학〉 홍성욱서울대학교 교수
〈사라진 신들과의 교신〉 정재서이화여자대학교 교수
〈조선의 프로페셔널〉 안대회성균관대학교 교수
〈경성, 문화의 기억〉 김진송문화평론가
〈한국 궁궐의 격을 디자인하다〉 마이클 록2×4,
안상수홍익대학교 교수
〈전통건축과 현대 무용의 만남〉 정영두안무가
〈영화적인 것, 한국적인 것〉 허문영영화평론가, 전 씨네21 편집장

Mar — Nov, 2009 2009 아름지기 아카데미:
"다시보기 멀리보기 들여다보기"
〈未來, 아직 오지 않은 유교를 위하여〉 한형조한국학중앙연구원
〈인문학으로 다시 보는 서울〉
전우용서울대병원 병원역사문화센터 교수
〈철학 도시를 디자인 하다〉 정재영철학자
〈건축에서의 고전〉 조성룡, 정기용성균관대학교 석좌교수, 건축가
〈바람으로 섞이고 땅으로 이어지고〉 강익중설치미술가
〈대중가요로 돌아보는 한국 근현대〉 이영미대중예술평론가

Apr — Nov, 2010 2010 아름지기 아카데미:
"다이얼로그, 오래된 것과 새로운 것의 대화"
〈왕족과 중인들이 어울려 살았던 인왕산과 서촌〉
허경진연세대학교 교수
〈이 시대, 우리의 도시〉 민현식건축가
〈우리나라 불교미술 다시보기〉 이주형서울대학교 교수
〈이상의 거리를 거닐다〉 박현수, 스티븐 D. 카페너,
김승희, 정영두, 한유주, 조기테
〈한복과 현대디자이너의 만남〉 조효숙경원대학교 교수
〈백디을 말하다〉 하라켄야디자이너

Mar — Dec, 2011 2011 아름지기 아카데미: "협업과 상생"
〈현대적 시각으로 재해석된 한국적 정서와 기억〉 서도호미술가
〈이야기로 맛을 짓다 — 도자와 그에 어울리는 상차림〉
신경균, 임계화도예가
〈Fashionable Bodies: Unstable Beauty〉
헤럴드 코다큐레이터
〈경영과 문화의 콜라보레이션〉 정태영 현대카드 대표
〈Remember Tomorrow〉 로버트 스태들러디자이너

Apr — Nov, 2012 2012 아름지기 아카데미: "전통과 과학"
〈우리문화 박물지〉 이어령이화여자대학교 석좌교수
〈문화재 보존과 복원에 얽힌 과학〉 박지선용인대학교 교수
〈조선왕실 기록문화의 꽃, 의궤〉 신병주건국대학교 교수
〈Traditional Crafts in Everyday Life: Past and Present〉
미무라 쿄코프로그램 디렉터
〈전통 발효 과학의 현대화와 대중화〉 배중호국순당 대표

Sep 10, Oct 8, 17, 2013 2013 아름지기 아카데미:
"한양도성과 역사도시경관", "서촌을 거닐다"
〈한양도성과 역사도시경관〉 송인호서울시립대학교 서울학연구소장

Mar — Oct, 2014 2014 아름지기 아카데미: "동양 사상 속 우리의 길 찾기"
〈마흔, 논어를 읽어야 할 때 — 仁의 리더십〉
신정근성균관대학교 교수
〈우리나라의 신종교(동학과 원불교)〉최준식이화여자대학교 교수
〈경계를 넘나든 자유인, 이탁오〉김선자동양신화 전문가
〈유학에 대한 일반적인 오해〉김언종고려대학교 교수
〈그림으로 보는 조선의 내면〉고연희《조선시대산수화》 저자
〈연암과 다산: 18세기 지성사, 그 빛과 그림자〉

APPENDIX

	고미숙고전평론가 〈조선 사상의 중심, 서원(영주 소수서원)〉 정순우한국학중앙연구원 한국학대학원 명예교수
May — Jul, 2016	2016 아름지기 아카데미: "우리 건축과 도시 이야기" 〈집합적 구조로 본 한국건축〉 김봉렬한국예술종합학교 총장 〈한국 주택의 역사와 한옥의 위상〉 전봉희서울대학교 교수 〈도시답사와 삶의 형상을 찾아서〉 조정구구가도시건축 소장 〈건축과 집: 한국건축론의 가능성〉 김성우연세대학교 교수
Apr — Jun, 2017	2017 아름지기 아카데미: "한강의《채식주의자》부터 베니스 비엔날레 한국관까지, 한류韓流, 메이드 인 코리아" 〈세계화와 디지털문화 시대의 한류〉 홍석경서울대학교 교수 〈한국문화 콘텐츠의 글로벌 전략〉 이구용KL매니지먼트 대표 〈요리한다, 고로 인간이다〉 이욱정KBS 다큐멘터리 프로듀서 〈한국현대미술과 글로벌 플랫폼〉 이대형베니스 비엔날레 한국관 예술감독
Jul 14, 2018	2018 아름지기 아카데미: "소유所有·사유思惟" 〈아름다운 소유〉 이내옥전 국립중앙박물관 유물관리부장 및 아시아부장 〈탐물완물〉 김재원공간 크리에이티브 디렉터 〈Contextual Object, 맥락 속의 오브제〉 이석우SWNA 대표

APPENDIX

03
답사

아름지기는 우리 문화유산의 보존에 귀감이 될 만한 가치가 있는 장소를 선정해 아름지기 회원들과 세계문화유산답사를 지속해왔다. 세계문화유산답사는 일반적인 여행에서 찾기 어려운 지역이나 접하기 어려웠던 문화 지역을 전문가와 함께 답사하며 깊이 탐구하는 자리다. 세계 각지의 대자연에서 고건축, 전통 생활 문화 양식까지 두루 살펴보고, 그것이 전승되고 있는 현황이나, 보고 배워야 할 점 등을 정리해나가면서 아름지기 활동 전반에 반영해왔다.

2004 – 2009	고건축답사 인솔 전문가	유홍준, 김봉렬, 황두진 기획 및 실행 총괄	아름지기
Feb – Oct, 2009	의식주 문화 연구: 사찰음식 장소	수원 봉녕사, 문경 윤필암, 선재사찰 음식연구소, 강진 백련사, 완주 위봉사, 부산 범어사 대성암, 양산 통도사 극락암, 오대산 월정사 육수암, 문경 윤필암 자문	조희숙
Apr 10 – Apr 13, 2004	2004 세계문화유산답사 장소	중국 보건성 토루 답사 인솔 전문가	이상해, 정기용, 나선화
Apr 4 – Apr 9, 2005	2005 세계문화유산답사 장소	중국 운남성 답사 인솔 전문가	이상해
Apr 21 – Apr 24, 2006	2006 세계문화유산답사 장소	일본 가나자와, 고가야마, 시라가와
Apr 21 – Apr 24, 2007	2007 세계문화유산답사 장소	일본 구라시키, 나오시마 답사 인솔 전문가	강태희, 이상해, 최욱
Apr 25 – Apr 28, 2008	2008 세계문화유산답사: "열하일기의 여정을 따라 떠나다" 장소	중국 하북성, 승덕, 준화, 북경 답사 인솔 전문가	이상해, 박경미, 승효상
Apr 26 – Apr 29, 2009	2009 세계문화유산답사: "건축가 없는 건축을 찾아서" 장소	중국 하남성 정주, 낙양 답사 인솔 전문가	이상해, 민현식, 조성룡
May 26 – May 29, 2010	2010 세계문화유산답사: "신과 인간이 만나는 곳, 고야산" 장소	일본 고야산, 혼구, 나치, 와카야마 답사 인솔 전문가	이상해, 민현식
Aug 21 – Aug 28, 2012	2012 세계문화유산답사: "몽골에서 바이칼까지" 장소	몽골 울란바타르, 멍그머리트, 러시아 이르쿠츠크, 알혼섬 답사 인솔 전문가	이상해, 나선화, 정석배
May 13 – May 18, 2014	2014 세계문화유산답사: "미얀마, 불교의 원형을 찾는 여정" 장소	미얀마 바간, 만달레이, 양곤 답사 인솔 전문가	차장섭

*모든 답사의 사업 주관, 기획 및 실행 총괄 | 아름지기

● 2006 세계문화유산답사 현장
● 2009 세계문화유산답사 현장

APPENDIX

04
문화유산연구

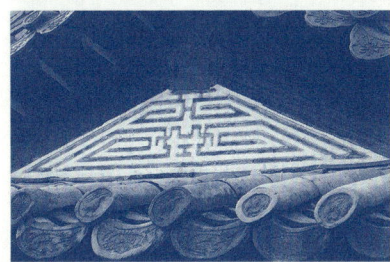

아름다움을 지키는 일은 물질적인 조건을 개선하는 것뿐만 아니라, 그것이 제대로 활용될 수 있도록 하는 콘텐츠 연구가 병행되어야 한다. 단지 외형을 말끔하게 정리한다고 전통의 가치가 절로 깃들지 않기 때문이다. 그에 따라 아름지기는 궁궐을 가꾸는 것을 넘어 궁궐을 통해 새로운 문화가 움틀 수 있도록 하는 궁궐 활용 방안을 연구하는 등 다양한 방식으로 문화유산에 대한 연구를 진행했다. 서대문형무소의 복원 방법론과 이후 활용 방안이나, 선농단에 역사 공원을 조성하기 위한 연구를 주도하기도 했고, 경주와 제주도에서 문화재 안내판 모니터링 사업을 통해서도 문화유산을 위한 연구 사업을 지속해왔다.

2007 — 2009   서대문형무소 복원 및 활용방안 연구
장소 | 서울시 서대문구 통일로251
자문 | 김봉렬, 민현식, 이어령, 정영선, 윤익선, 권기혁, 김승회, 안창모, 전인호, 김헌, 박승진
공동연구진행 | 최욱원오원 아키텍츠
기획 및 연구진행 | 아름지기
발주처 | 문화체육관광부

Dec, 2008 — May, 2011   선농단 역사 공원 조성사업
장소 | 서울시 동대문구 무학로44길 38
기본구상연구 | 황기원, 강동진
연구 및 기획, 진행 컨설팅 | 아름지기
주관 | 동대문구
협력 | 서울시, 서울학연구소, 선농단보존회
후원 | 월드컬처오픈 화동문화재단

Feb — Apr, 2010   궁궐별 주요 전각 활용 연구
위촉 연구원 | 윤상준
기획 및 연구진행 | 아름지기
발주처 | 문화재보호재단

Sep, 2010 — Jan, 2011   궁궐 활용 및 장소 사용 허가 기준 마련 연구
기획 및 연구진행 | 아름지기

Feb — Nov, 2011   창덕궁 낙선재 일원 문양 연구
자문 | 이상해
공동연구진행 | 안상수
기획 및 연구진행 | 아름지기
발주처 | 창덕궁관리소

Oct — Dec, 2011   경주 문화재 안내판 모니터링 연구
장소 | 경주시 일대
모니터링 및 연구용역 수행 | 아름지기
발주처 | 문화재청

Feb — Dec, 2012   답십리 고미술 상가 명소화 사업
장소 | 서울시 동대문구 고미술로 39
공공디자인 제안 | 이진오, 김찬중, 정현아, 최춘웅
기획 및 실행 총괄, 진행 감리 | 아름지기
주관 | 동대문구
협력 | 서울시, 답십리고미술상가발전협의회

Apr — Aug, 2012   제주도 문화재 안내판 모니터링 연구
장소 | 제주도 일대
모니터링 및 연구용역 수행 | 아름지기
발주처 | 문화재청

● 창덕궁 낙선재 일원 문양 연구, 벽
● 창덕궁 낙선재 일원 문양 연구, 합각

APPENDIX

05
공연

아름지기의 한옥에 대한 고민은 전통적인 형식을 지키고, 눈에 보이는 아름다움을 존속시키는 것에 그치지 않는다. 오늘날에도 실질적으로 사용될 수 있는 한옥을 만드는 것이 아름지기가 전통을 계승하는 방식이다. 현재에도 유효한 한옥을 만들기 위한 여러 사업 중에서도 한옥에서 우리 음악 공연을 펼치는 프로젝트는 전통 예술을 동시대의 조건 속에서 제대로 활용하는 사례를 스스로 창출한 것이다. 아름지기는 한옥의 멋을 더 많은 사람과 나눌 수 있도록 한옥에서 우리 음악을 듣는 공연을 '가락'이라는 이름으로 기획했다. 그 과정에서 수많은 전통 음악가들과 함께 협업하면서 전통 예술의 접점을 확대하기도 했다.

2007　　가락, 한옥에서 산조 듣기
　　　　주요 참여자 | 악당이반, 김영길, 정준호, 허익수, 이동훈, 남상일, 김경아, 유경화, 허윤정, 이태백, 박현숙, 황병기, 노부영, 정회석, 박순아, 김웅식

2008　　한옥에서 우리 음악 듣기
　　　　주요 참여자 | 악당이반, 박대성, 정화영, 국악실내악단 정가악회, 성보나, 고보석, 이필기, 박소진, 한림, 천지윤, 한세현, 정준호, 심상남, 정화영, 최영훈, 고지연, 강은일, 이용구, 이석우, 윤서경, 이쇄환, 윤호세, 지성자, 김청만

2009　　한옥에서 우리 음악 듣기
　　　　주요 참여자 | 악당이반, 유경화, 신재현, 추정현, 윤호세, 이동신, 김웅식, 박순아, 강효주, 김준영, 강형수, 김선구, 이호진, 이성준, 김민지, 이혜민, 천혜인, 정태경, 고은별, 김선구, 이호진, 이성준, 국립창극단 이동훈, 이원황, 이성도, 최영훈, 박희정, 조용수, 김귀자, 강용묵, 전계열

2010　　한옥에서 여는 음악 잔치 — 가락家樂
　　　　주요 참여자 | 악당이반, 정영선, 정철호, 양승희, 박정아, 정화영, 이옥천, 박용호, 김청만, 김일구, 강정숙, 정가악회

2011　　한옥에서 여는 음악 잔치 — 가락家樂
　　　　주요 참여자 | 악당이반, 허익수, 윤호세, 최종관, 추정현, 김호성, 조창훈, 정재국, 김정수, 김은수, 홍석복, 강권순, 박영기, 김상준, 김웅식, 조세린

　　　　* 모든 답사의 사업 주관, 기획 및 실행 총괄 | 아름지기

APPENDIX

06
출판

아름지기의 활동과 그 뜻을 잘 기록하고, 나아가 구체적이고 포괄적으로 전하기 위해 단행본 출판 프로젝트를 지속해왔다. 2003년에 한옥을 짓고 고치고, 그것의 현대적 쓰임까지 고민해온 과정을 담아낸 《아름지기의 한옥 짓는 이야기》를 펴내면서 출판 사업이 본격화되었다. 서울 5대 궁궐 안내 시스템 개발 및 안내판 디자인 개선사업의 모든 과정, 그리고 사업과 관련된 여러 이해 당사자의 다양한 견해가 담긴 《궁궐의 안내판이 바뀐 사연》은 단지 아름지기의 사업을 알리기 위한 책에서 훨씬 더 나아가 공공디자인 자체에 대한 구체적이고 실질적인 논의와 분석에 대한 책이 되었다. 일련의 책은 '아름지기 총서'로 출간을 이어갈 예정이다.

2003 《아름지기의 한옥 짓는 이야기》
저자 | 정민자
출판사 | 중앙m&b

2008 《궁궐의 안내판이 바뀐 사연》
저자 | 아름지기
출판사 | 안그라픽스

2010 《우리 시대의 장인 정신을 말하다》
저자 | 유홍준, 김영일, 배병우, 정구호, 김봉렬, 조희숙
출판사 | 북노마드

2010 《헤리티지 투모로우 프로젝트1》
저자 | 아름지기
출판사 | 워크룸

2011 《헤리티지 투모로우 프로젝트2》
저자 | 아름지기
출판사 | 워크룸

2012 《헤리티지 투모로우 프로젝트3》
저자 | 아름지기
출판사 | 워크룸

2013 《아름지기 백서》
저자 | 아름지기
출판사 | 디자인 고흐

2014 《헤리티지 투모로우 프로젝트4》
저자 | 아름지기
출판사 | 워크룸

2015 《헤리티지 투모로우 프로젝트5》
저자 | 아름지기
출판사 | 프랙티스

2016 《헤리티지 투모로우 프로젝트6》
저자 | 아름지기
출판사 | 워크룸

- 2008년 출간한 《궁궐의 안내판이 바뀐 사연》
- 2003년 출간한 《아름지기의 한옥 짓는 이야기》
- 아름지기에서 출간한 책들

APPENDIX

아름지기 커뮤니티

01 회원활동

아름지기는 회원들의 후원이 전체 운영비에서 큰 비중을 차지한다. 아름다운 전통을 지켜나가고자 하는 사람들이 힘을 모아 아름지기가 움직이는 것이다. 그렇게 아름다움을 함께 지켜나가는 사람들이 매년 모이는 자리를 만드는 일도 아름지기의 중요한 책무 중 하나다. 회원들의 마음을 모아 우리의 아름다움을 지키고 또 널리 퍼뜨릴 힘을 얻는 시간이기 때문이다.

| 2003 – 2008 | 아름지기 〈후원의 밤〉 |
| 2009 – 2018 | 아름지기 〈회원의 밤〉 |

사업 주관, 기획 및 실행 총괄 | 아름지기

02 아름지기 기금 마련 바자

우리 전통문화를 아끼고 사랑하는 여러 기업과 후원자들의 참여로 만들어지는 기금 마련 바자는 아름지기의 중요한 수익 사업 중 하나다. 아름지기가 엄선한 전국 각지의 제철 먹거리를 비롯해 작가들이 제작한 소품과 회원들이 기증한 다양한 아이템을 판매한다. 바자를 통해 마련된 기금은 모두 아름지기의 문화·예술 프로젝트에 소중하게 사용했다.

2010 – 2019 　　아름지기 기금 마련 바자
사업 주관, 기획 및 실행 총괄, 현장 운영 | 아름지기

● 2016 제7회 아름지기 기금 마련 바자 현장 내 운영위원
● 2019 제9회 아름지기 기금 마련 바자 현장

PEOPLE

이사회
신연균, 김봉렬, 김선정, 박철준, 신동엽, 정인숙, 조태현, 한상호

운영위원
김유희, 김진선, 김천애, 남희정, 박순애, 배혜순, 서영민, 서재량, 석영호, 송광자, 위미라, 유연희, 윤영태, 이명희, 이미숙, 이봉훈, 이운경, 이은영, 장순희, 정재정, 정춘자, 조효숙, 최서원, 한봉주, 한정근, 홍라희, 홍정원

자문위원
박경미, 배병우, 서정기, 승효상, 안상수, 윤인석, 이인호, 이재후, 임히주, 정영선, 최욱

사무국
김동현, 김윤희, 손유진, 신나라, 신지혜, 안정현, 이은솔, 이은정, 이재철, 장영석, 정희영, 조미옥, 최윤성

역대 운영진
김영호, 박영주, 이어령, 이희상, 정민자, 남정우, 민현식, 박선영, 안상균, 오윤선, 유홍준, 윤영각, 이경열, 이미성, 이상해, 이선진, 이주영, 정미선, 정유경, 정춘희, 조원희, 조태권, 조현준

영프렌즈
강려진, 고은아, 구나윤, 구원희, 구윤희, 구은아, 구희나, 김미연, 김민정, 김소연, 김소원, 김소형, 김수연, 김유영, 김은애, 김정아, 김정연, 김지운, 김현정, 남지수, 류혜림, 맹주연, 박소영, 박수진, 박연환, 박재인, 박혜성, 백수미, 서혜정, 설혜정, 승나정, 신우연, 안리나, 안수혜, 원마니, 유경수, 유선, 유선, 유신형, 유진, 유혜연, 윤선영, 윤수정, 윤현경, 이가윤, 이가인, 이서현, 이승임, 이승현, 이연주, 이영경, 이유진, 이윤주, 이은남, 이은성, 이은희, 이의진, 이정현, 이주연, 이주현, 이지영, 이지현, 이지현, 이진영, 이하연, 이현주, 장선정, 장인주, 장진이, 전순원, 정수진, 정윤정, 정효정, 조윤경, 조현진, 조희주, 채문선, 최선영, 한유리, 한조희, 한혜주, 허수원, 홍연경, 홍정현, Mark Tetto

특별 기여자
김민정, 김영호, 김천애, 남정우, 박영주, 배혜순, 서영민, 송광자, 위미라, 윤영태, 이경열, 이명희, 이운경, 이재용, 이희상, 전육, 정유경, 정춘희, 조태권, 조현준, 한봉주, 한정근, 허광수, 허동섭, 홍라희, 홍석현

특별 회원
공승희, 구자영, 김경은, 김녕자, 김연주, 김윤남, 김인숙, 김정동, 김지영, 김희진, 박기석, 박삼구, 박연환, 박지연, 박현주, 서도호, 서미혜, 서울호, 설명기, 설영자, 손혜연, 신미현, 신선균, 신황균, 안명숙, 안영환, 유정자, 윤난지, 윤석남, 윤송이, 윤용숙, 윤지현, 이건수, 이계호, 이명희, 이소형, 이순선, 이어령, 이영혜, 이운형, 이은경, 이정은, 이정자, 이주연, 이한용, 장세주, 장정자, 장제희, 장지희, 전재국, 정기석, 정목 스님, 정청자, 조영희, 진교원, 최명성, 최병인, 최인선, 현정은, 홍송원, 홍정인, 황명순, 황수현, Catherine Lee, Howard Marks, May Leung

재능 기부자
강운구, 강익중, 공필희, 김명숙, 김성현, 김주영, 김현식, 김홍남, 노행용, 문범, 문수열, 박경미, 박광성, 박선기, 배병우, 서도호, 설명기, 승효상, 신경균, 안상수, 양승우, 윤인석, 이인호, 이재후, 이홍순, 임연옥, 임히주, 정소영, 정영선, 조희숙, 최욱, 최창조, 최홍규, 한경화, 황희

평생 회원
간호섭, 강려진, 강선숙, 강성희, 강수형, 강승희, 강영희, 강용현, 강익중, 강인숙, 강인자, 강정민, 강희정, 거투두드리스티븐스 김, 고복희, 고영애, 고유경, 고은아, 고혜경, 고혜선, 구금숙, 구나윤, 구본욱, 구원희, 구윤희, 구윤희, 구은아, 구자철, 구정순, 구진희, 구희나, 권순우, 권신정, 권영신, 권주현, 김가경, 김경숙, 김경숙, 김남주, 김남희, 김대환, 김동섭, 김동식, 김동춘, 김명숙, 김명순, 김명희, 김모정, 김문학, 김미선, 김미연, 김미자, 김민정, 김삼, 김상희, 김석한, 김선฀, 김성미, 김성주, 김소연, 김소영, 김소원, 김소형, 김수연, 김수지, 김숙환, 김승희, 김시운, 김신한, 김안영, 김양수, 김양택, 김영경, 김영무, 김영식, 김영일, 김영화, 김영희, 김영희, 김운선, 김원선, 김원정, 김유영, 김윤경, 김윤욱, 김은미, 김은애, 김은영, 김은주, 김일범, 김일심, 김장환, 김정, 김정기, 김정미, 김정아, 김정연, 김정훈, 김정희, 김종숙, 김종애, 김주영, 김준, 김지아, 김지영, 김지운, 김찬중, 김현옥, 김현정, 김현지, 김형숙, 김형일, 김혜영, 김혜자, 김홍석, 김희영, 김희정, 김희진, 남궁근, 남유리, 남일, 남지수, 노경선, 노소영, 노영혜, 노종원, 노혜정, 노희진, 단예봉, 도규만, 도세훈, 류신애, 류진, 류혜림, 마금선, 맹주연, 문성원, 미쉘김, 박경임, 박남희, 박노욱, 박명자, 박문선, 박문주, 박민정, 박서영, 박선정, 박설자, 박성실, 박성호, 박소영, 박소은, 박수진, 박순주, 박영준, 박용근, 박재연, 박재인, 박정호, 박정희, 박지훈, 박찬보, 박천민, 박현, 박현주, 박혜경, 박혜경, 박 토마스 상진, 박혜성, 박혜성, 박혜숙, 박호현, 박화상, 박희숙, 방혜자, 배은경, 배석우, 백수미, 백해영, 서동우, 서성민, 서임정, 서진희, 서타욱, 서혜정, 설윤형, 설혜정, 성래현, 성인숙, 손대현, 손두호, 손병렬, 손은선, 손진명, 송길자, 송용자, 송원자, 승나정, 신경균, 신경아, 신경은, 신기준, 신민기, 신병찬, 신선균, 신수희, 신영균, 신우연, 신정화, 신정희, 신진희, 신혜진, 심정주, 안리나, 안명숙, 안수혜, 안혜령, 양경희, 양정아, 어경희, 어윤홍, 엄선근, 여은영, 염혜정, 오양호, 오원자, 오정림, 오정미, 오진옥, 우소현, 우영순, 우은숙, 우지원, 우진호, 원마니, 원혜경, 원혜은, 유경수, 유선, 유선, 유신명, 유신형, 유중근, 유지, 유진, 유혜연, 윤근향, 윤기열, 윤명숙, 윤병철, 윤상현, 윤선영, 윤수정,

PEOPLE

윤윤진, 윤종하, 윤주현, 윤현경, 은승연, 이가윤, 이가인, 이강숙, 이경은, 이경희, 이계명, 이광우, 이교웅, 이금주, 이기완, 이길여, 이남순, 이명선, 이명희, 이민정, 이상은, 이상준, 이서현, 이선혜, 이수연, 이순병, 이순정, 이승민, 이승은, 이승임, 이승현, 이연주, 이영경, 이영미, 이영학, 이영호, 이영희, 이온실, 이우숙, 이유진, 이윤신, 이윤주, 이은경, 이은남, 이은성, 이은우, 이은자, 이은희, 이의진, 이인애, 이재경, 이재규, 이정진, 이정현, 이정혜, 이정훈, 이정희, 이종은, 이종임, 이주연, 이주현, 이주혜, 이지승, 이지영, 이지은, 이지현, 이지현, 이지혜, 이진숙, 이진영, 이채언, 이하연, 이해욱, 이현숙, 이현주, 이혜경, 이혜성, 이혜숙, 이화익, 이희정, 임미랑, 장경아, 장동조, 장선정, 장용석, 장원영, 장은명, 장인주, 장정숙, 장진이, 장철, 장현숙, 장화경, 전숙자, 전순원, 전은정, 전준수, 전필진, 정경선, 정명미, 정방원, 정병문, 정보원, 정상록, 정성애, 정소영, 정수진, 정숙영, 정양선, 정양희, 정영희, 정유천, 정윤정, 정은주, 정인숙, 정재헌, 정현희, 정혜원, 정효정, 조건호, 조대식, 조동승, 조명숙, 조복희, 조성혜, 조영애, 조윤경, 조은숙, 조은진, 조주립, 조현진, 조희주, 주연아, 진명희, 차상윤, 차영숙, 채문선, 채진숙, 최금숙, 최백, 최선아, 최선영, 최수주, 최영혜, 최오란, 최원우, 최윤혜, 최은정, 최은형, 최지은, 최태원, 최혜윤, 최호숙, 최흥규, 하진영, 한경화, 한동주, 한명숙, 한명순, 한명희, 한보영, 한용외, 한유리, 한조희, 한태원, 한혜자, 한혜주, 함영자, 허서홍, 허수원, 허유정, 허지영, 현영재, 홍경희, 홍라영, 홍연경, 홍인숙, 홍정균, 홍정도, 홍정연, 홍정현, 황규희, 황미숙, 황인용, 황충자, 황현지, 황희준, Mark Tetto, Nancy C. Allen, Stephane MOT, Wendy Sheung Yuen Kwok

연회원

강신혜, 공필희, 권영광, 권회정, 김다슬, 김민중, 김방은, 김수삼, 김영선, 김영일, 김원선, 김은숙, 김조자, 김효상, 노정란, 명선영, 문영미, 박선영, 박영순, 박종기, 박지윤, 서영희, 설경화, 송영아, 신이정, 안은정, 안지현, 연아리, 염하령, 오동렬, 원철 김진성(해인사), 유경옥, 유희경, 이선우, 이선희, 이승주, 이윤정, 이자영, 이정자, 이정진, 이종원, 이태훈, 이현정, 이혜림, 이혜영, 임연옥, 임옥상, 임진영, 장필화, 정지원, 조병수, 차인태, 차장섭, 최미경, 최성희, 최소연, 최희정, 한성화, 한순묘, 홍성은, 황숙정, Kathleen Stephens, Nam Merian

SUPPORT

단체기부회원 이건홀딩스, 효성그룹

후원기업 가나아트, 갤러리현대, 고려디자인, 고려제강, 골프존, 광주요, 국순당, 구찌, 국제갤러리, 까르띠에, 남양유업, 네이버, 대한항공, THE SHILLA, 동국제강, 동아일렉콤, 동아제분, 동화약품, 라이엇게임즈, 레드캡투어, 루이비통코리아, 문화유산국민신탁, 미래에셋증권, 보테가베네타, 삼성, 삼양사, 삼양인터내셔날, 삼표, 세종솔로이스츠, 세하주식회사, 송원문화재단, 수원대학교, SKY저축은행, 신도리코, 신라교역, 신세계, 썬앳푸드, 아시아나항공, 알토, 에르메스, SK이노베이션, STC, 영원무역, 예스코, OCI, 유니드, 이건그룹, 이니스프리, 21세기재단, LEEHAN, INCLOVER, 일신방직, 일우재단, 제네시스, 종근당, 중앙일보, KB국민은행, 케이옥션, KT&G, 크리스챤디올, 키엘, TS대한제당, 티파니코리아, PINESTREET GROUP, 풍국주정, 풍산그룹, PKM GALLERY, 한국메세나협회, 한국문화예술위원회, 한국삼공, 한일시멘트, 한화 호텔&리조트, 한화생명, 허스트중앙, 월드컬처오픈 화동문화재단, 효성그룹

• 아름지기 후원은 누구나 참여할 수 있습니다. (www.arumjigi.org)

CONNECTING

재단법인 아름지기
ARUMJIGI CULTURE KEEPERS FOUNDATION

PUBLISHER
    CHAIRPERSON OF THE BOARD
    신연균 Yun Gyun S. Hong

ARUMJIGI
    PROJECT DIRECTOR
    신지혜 Ji Hye Shin, 장영석 Young Suk Jang
    PROJECT LEADER
    이은정 Eun Jung Lee
    PROJECT MANAGER
    신나라 Na Ra Shin

CHFEED
    CHIEF DIRECTOR
    최태혁 Tae Hyuk Choi
    SENIOR EDITOR
    백가경 Ka Kyung Baek

    SPECIAL EDITOR
    계안나 An Na Gye
    GUEST EDITOR
    권태현 Tae Hyun Kwon
    GUEST EDITOR
    윤솔희 Sol Hee Yoon

    FILM DIRECTOR
    박재용 Jae Yong Park
    DIRECTOR OF PHOTOGRAPHY
    이태범 Tae Beom Lee
    ASSISTANT DIRECTOR
    장승환 Seung Hwan Jang

    DESIGN
    체조스튜디오 Chejo Studio
    PRINTING
    으뜸프로세스 Top Process

2021년 10월 01일 초판 발행

서울특별시 종로구 효자로 17
T 02-741-8373~5
F 02-741-8395

ISBN 978-89-964203-9-2

@ 2021 ARUMJIGI CULTURE KEEPERS FOUNDATION
• 본 재단의 동의 없이 이 책에 실린 글과 사진, 그림 등을 사용할 수 없습니다.
• 본 책에 사용된 사진은 아름지기와 함께 한 해당 프로젝트 관계자들에 의해 촬영된 것임을 밝힙니다.